EMPIRICAL RESEARCH ON SOCIAL ORGANIZATION DEVELOPMENT

Based on the Vision of Social Governance

马国芳 等/著

社会组织发展
实证研究
基于社会治理的视野

社会科学文献出版社
SOCIAL SCIENCES ACADEMIC PRESS (CHINA)

目　录

总报告篇

子报告篇

总报告篇

社会治理视野下的云南省社会组织
发展综合研究报告

一 问题的提出

党的十九大报告提出，加强社会治理制度建设，完善党委领导、政府负责、社会协同、公众参与、法治保障的社会治理体制，提高社会治理社会化、法治化、智能化、专业化水平。自党的十八届三中全会通过的《中共中央关于全面深化改革若干重大问题的决定》提及"国家治理"一词以来，在国家治理的理念下，党和政府围绕"创新社会治理体制"的新命题，对社会组织改革发展进行专章部署，对社会组织的地位给予空前清晰界定，对社会组织的作用发挥寄予从未有过的厚望。提出要"改进社会治理方式""激发社会组织活力""实现政府治理和社会自我调节、居民自治良性互动"。社会组织是社会治理的重要主体和依托，社会组织发展的"政策利好"空间越来越大。2015年10月29日，党的十八届五中全会通过《中共中央关于制定国民经济和社会发展第十三个五年规划的建议》，针对快速而复杂的中国社会变革，提出了"加强和创新社会治理""推进社会治理精细化，构筑全民共建共享的社会治理格局"的新思路、新目标。并进一步指出社会组织是现代社会治理中不可或缺的重要载体，要推动社会组织明确权责、依法自治，成为党委和政府的有力助手。党的十九大报告先后五次提到"社会组织"，对加强社会组织工作提出了更高要求，体现了党中央对社会组织工作的高度重视，彰显了中国坚持以人民为中心、打造共建共治共享的社会治理格局的担当。

培育社会组织，加强社会的责任感，提高社会的自治自理能力，既是现代社会发展成熟的重要标志，也是市场经济发展到一定阶段后内在的要求。因此，无论是从理论还是从实证方面看，社会组织在西方都有着成功的实践和新的发展，目前已成为市场经济发达国家社会事务管理、经济管理中极为重要的组成部分。这对于正处于转型变革中的中国来说，无疑具有极大的借鉴意义。但社会组织在不同国家间的发展是不平衡的，且在不同领域的发展也是不平衡的。国内学术界提出了大力推进公共管理社会化以及公共服务市场化的主张，指出社会组织作为介于政府与企业和社会基本单元之间的组织，能发挥的作用是多方面的。但从国内同类研究看，对社会组织发展理论性的系统研究还存在一定欠缺，针对社会组织结构布局不合理、区域发展不平衡等状况也缺乏实证分析研究，尤其是没有涉足经济社会文化发展落后地区如何培育和发展社会组织的研究。因此，本文立足于这方面做深入研究。

在日益壮大的社会组织大军中，地方社会组织所占比重越来越大。这些地方社会组织虽然活动领域没有全国性社会组织那样广泛，社会影响力也相对较弱，但因密切联系基层，能够根据地方实际开展活动，对地方乃至整个经济社会发展具有重要作用。因此，从社会建设现实来看，对地方社会组织进行研究显得十分迫切。云南省积极贯彻党的十八大精神，在积极培育、发展社会组织方面采取了一系列具体的措施。但是，与沿海一些省份相比，经济社会发展状况处于欠发达水平的云南省，能为社会组织的发展提供的原动力并不强，这就意味着如果完全依赖自发动力，云南省社会组织的发展将要经历一个漫长迟缓的过程。这就要求地方政府要有意识地通过为社会组织营造有利的政策环境、宽松的舆论环境、足够的发展和展示空间，提高它们的自主、自立、自治能力，扩展和增强它们的社会功能，尤其是强化它们联系政府与社会、政府与市场的桥梁作用以及服务于经济社会发展的功能。因此，本文对云南省社会组织发展概况进行实证研究，将有助于丰富和拓展社会组织理论体系，并对边疆民族地区地方政府创新社会治理，促进民族团结进步、边疆繁荣稳定具有重要的决策咨询价值。

为了深入研究云南省社会组织发展状况，本文采用以定量研究为主、定量与定性分析相结合，以内容分析法为主、个案分析为辅，确保研究成果客观、真实、准确。①定量研究。主要是指通过实地调研和参与式观察，深入云南省各地进行实地考察，访谈民政、业务主管部门和各类社会组织100余个，对各级民政部门所给的社会组织相关资料进行整理和分类统计，分析出云南省社会组织发展的基本情况。②定性研究。主要依据党和国家关于治理体系和治理能力现代化以及社会组织发展的相关政策、理论与已有省份的经验，抓住社会组织发展过程和发展特征的主要方面，以普遍承认的社会组织发展理论和基本事实为分析基础，进行逻辑演绎，描述、阐述云南省社会组织发展的挑战与要求。③内容分析法。从文献综述入手，对社会治理、社会组织发展的相关文献资料进行客观、系统和定量描述，为分析云南省社会组

织发展特征、面临的形势以及把握社会治理视野下社会组织发展
的内在规律服务。④个案分析法。主要分析一些具有代表意义的
典型事件或社会组织，对社会组织的发展环境、应对策略及其环
境约束等因素进行具体调查、研究、分析，确定云南省社会组织
发展的有利和不利因素、社会效果程度，为深化社会组织管理体
制和机制创新、提升社会组织能力提供建议。

二 社会治理视野下社会组织发展研究进展

（一）西方国家治理理论与实践

治理是西方各主要国家在其独特的社会背景和学术传统下，
为应对现代化发展导致的统治危机而进行的政治行政实践。因
此，治理理论和实践具有鲜明的西方特征。自 1989 年世界银行
首次使用"治理危机"一词以来，"治理"一词被越来越广泛地
运用到法学、政治学、经济学、社会学等各个领域，并通过在前
面加上修饰性、限定性词语而衍生出相关概念，如"全球治理"
"国家治理""地方治理""社会治理""社区治理""环境治理"
"经济治理"等。但即便如此，到目前为止，对于"治理"概念
仍存许多歧见。治理理论的主要创始人詹姆斯·罗西瑙将治理定
义为一系列活动领域里的管理机制，它们虽未得到正式授权，却
能有效发挥作用。即治理的基本内涵是指官方或民间的公共管理
组织在一个既定的范围内运用权威维持秩序，满足公众的需
要。① 1995 年，全球治理委员会对治理做的概括为：治理是各种
公共的或私人的个人和机构管理其共同事务的诸多方式的总和。
它有四个特征：治理不是一整套规则，也不是一种活动，而是一

① 俞可平：《全球治理引论》，《马克思主义与现实》2002 年第 1 期，第 5 页。

个过程；治理过程的基础不是控制，而是协调；治理既涉及公共部门，也包括私人部门；治理不是一种正式的制度，而是持续的互动。①

归纳西方学者格里·斯托克、詹姆斯·罗西瑙、莱斯特·萨拉蒙等人有关治理的论述，主要有四种观点。①强调治理主体多元化，主张建立多中心治理模式。因此，治理的主体既可以是政府、公共机构，也可以是私人机构，还可以是公共机构和私人机构的组合。②强调改进社会责任的承担方式，主张推行国家与社会合作方式。只有在政府、市场和公民社会三者之间建立一个有效互动网络，充分发挥它们的优越性，逐步形成政府、市场和公民社会各司其职、各负其责的局面，才能高效增进并合理分配社会利益。③强调管理对象的全面参与，主张实现管理过程的上下互动。主要通过合作、协商、伙伴关系、确立认同和共同的目标等方式，实施对公共事务的管理。④强调多样化管理方法和技术，主张改进政府的控制和引导方式。通过新方法、新技术与政府改革和社会服务的有效结合，使更多的社会组织和个人参与公共服务，促进公共服务的社会化。柏林赫尔蒂公共管理学院费德勒教授等人认为，由"统治"到"管理"再到"治理"，绝非文字游戏，而是反映出公共政治理念的发展变迁，即从权力的单向度强制行使转变为国家与社会的良性互动，意味着治理主体的多元参与和政府权力的下放。② 要而言之，治理的基本含义就是

---

① The Commission on Global Governance, *Our Global Neighborhood：The Report of the Commission on Global Governance* (Oxford：Oxford University Press, 1995)，pp. 2 – 3.

② 孙来斌：《德国国家治理的经验与启示》，《人民论坛》2016 年第 1 期，第 79 页。

指，政府的或社会的公共管理组织在各自既定范围内、在各种不同的制度关系中，运用公共权力、公共权威维持秩序、规范公民的各种活动，以满足公众需要，最大限度地增进公共利益。①

当前，随着全球一体化进程的加快，西方各国的公共管理部门和学者，开始越来越多地接受治理理论与治理模式。其中比较突出的有：多中心治理模式、公民治理模式、数字治理模式、网络治理模式、政体治理模式等。例如，以美国克林顿政府为中心的改革派倡导"以公民为中心"的治理理论，这使得民主治理的潮流更加深化。有的学者甚至提出将 21 世纪视为改革创新的世纪，他们指出 21 世纪的改革将为当代的国际社会探索出一个以公民为中心的治理结构（Citizen – centered Governance Structure）。

在这种多元参与的治理模式中，政府仍发挥着重要作用，呈现一些最新趋势，其社会治理体制的架构呈现以下四大特征。②①政府与社会的分工合作。核心是"政社分开"，即政府与非政府社会组织、非营利组织的职能分离以及事业目标合作。②用以购买社会服务的公共财政体系。政府在每一财政年度都有专门的相关预算，并根据社会管理事务和社会服务需求的实际，通过招标的形式或委托的形式向非营利机构（主要是社会工作机构）购买服务。③对合法的慈善机构和非营利组织的收入均实行免税政策。包括大学、医院、慈善组织及其他非营利社会服务机构等在获得慈善捐款后，有权向捐赠人开具免税的发票；非营利社会服务机构举办的赢利性产业也一律免税（收

---

① 俞可平：《论国家治理现代化》，社会科学文献出版社，2014，第 21 页。
② 孙涛：《发达国家完善社会治理体制的经验》，《学习时报》2015 年 8 月 13 日，第 5 版。

入必须用作社会服务）。④社会服务的非营利性质。政府购买的和社会服务机构提供的服务皆属非营利性质，面向困难群体或边缘群体的服务项目一般不收费，面向中高档收入人群的服务则可以收取不等的费用，但这些收入只能作为营运的支出。

起源于欧美发达国家的社会治理，虽然表现形式上个性纷呈，但在工业化、现代化进程中所具有的化解社会矛盾、促进社会公平、实现社会民主与社会稳定的实际功能，以及促使政府和社会运行更有效率的特点是共同的。从这个意义上说，这是一切后发国家在工业化、现代化进程中可资借鉴的宝贵财富。

（二）我国国家与社会关系的新分析框架——社会治理

走向治理，是当今各国普遍的政治发展大势。西方治理理论自传入我国以来，就始终面临着本土化的挑战。治理理论被引进中国以后，经由学者们的持续努力，已经成为政治学、行政学的一个重要范式，而且进入执政党的施政蓝图。[①] 伴随着 30 多年的改革和发展，社会阶层结构、城乡结构、收入分配结构、人口和家庭结构等社会结构发生了深刻变化，而社会组织方式正在发生深刻变革、社会行为规范和价值理念正在重塑，社会矛盾多样多发。如何在社会需求日益多样化和社会复杂化程度不断提高的背景下，解决中国社会资源的公平、高效配置问题；如何在传统"单中心"管理模式弊端频现且矛盾丛生的情况下，实现管理模式的转型、升级，使之与当下中国社会特征和未来发展趋向相协调，成为必然议题。社会治理借鉴了 20 世纪 80 年代出现、近年来流行的"治理"理论，认为国家管理需要激励多元主体的参

---

① 吴晓林、李咏梅：《治理研究的中国途径及其"中国化"路径》，《湖南师范大学社会科学学报（长沙）》2015 年第 4 期，第 22～32 页。

与，应该不仅仅是政府行为，更要鼓励企业、社会组织和个人积极参与，共治共赢共享。应用到社会管理领域，自然是政府、企业和社会组织共同参与社会治理、解决社会问题。①

在国内学术界，吴志成从治理的主体、方式、基础和目的角度对治理理论的内涵做了深入的剖析。② 郜绍辉点出了治理的本质，并在挑战政府权威及其能力的基础上给出了政府失效的药方——基于自由主义的多方参与的公共事务的治理方式，特别是社会自主治理的行为模式。③ 李军鹏认为，治理理论重点研究治理的方式和价值，研究公共产品和公共服务供给方式与体制，主张建立政府与社会合作的公共管理模式，主张各种公共的和私人的机构与政府一道提供公共产品与公共服务。④ 岳经纶、邓智平认为社会治理的关键在于改革"社会全能型政府"，逐步开放社会，培育多元社会管理主体（社会组织），如此才能满足多种多样、无时无刻都存在和发生的大量社会需求。⑤ 王思斌认为社会治理是社会管理的深化，它是在社会领域的管理、社会力量参与管理的意义上被强调的。从性质上看，社会治理（协商共治）着眼于现代国家的能力建设；在目标上，社会治理强调标本兼治，强调综合治理、依法治理、系统治理和源头治理；从治理关系上看，社会治理强调多方参与，包括社会力量的参与以及相互

---

① 蓝志勇：《论社会治理体系创新的战略路径》，《新华文摘》2016 年第 8 期，第 5 页。

② 吴志成：《治理创新——欧洲治理的历史、理论与实践》，天津人民出版社，2003。

③ 郜绍辉：《论治理理论：内涵、困境及适用性》，《安阳工学院学报》2009 年第 3 期，第 39 页。

④ 李军鹏：《公共服务型政府建设指南》，中共党史出版社，2005。

⑤ 岳经纶、邓智平：《论理解社会管理的五种路径》，《武汉大学学报》2013 年第 3 期，第 28～34 页。

的关系；从管理格局看，社会治理是推进国家治理体系和治理能力现代化的组成部分，更加强调现代国家的制度建设。① 郁建兴、关爽提出社会治理是指，①在主体方面，政府在治理过程中发挥主导作用，并致力于形成多方参与社会事务的治理格局；②在手段上，治理手段多样化，并向多种手段综合运用转变；③在过程上，治理过程本身不在于控制，而是协调，而且，社会治理过程注重运用"法治思维"解决社会问题；④在内容上，重在利益表达、增强社会自我调节、推动社会自治秩序等一系列体制机制的构建等；⑤在治理目标上，促进社会公平正义，培育社会力量，并形成一系列制度化推动多元主体共同参与的社会治理新机制。②

自此，"社会管控的浓厚色彩逐渐褪去，并让位于社会治理。必须指出，社会治理也有'管理'的一面，但与'社会管控'不同的是，社会治理中的'管理'是在法治框架内，在尊重多元价值，协调各方面、各层次的利益诉求，推动社会和谐的基础上，化解社会矛盾，实现社会稳定"③。即对国家而言，通过制度安排与治理策略调整，增强治理的有效性与合法性，并为社会力量的发展释放了空间；对社会而言，加快社会建设进程，拓展了社会力量的发展和运转空间，并推动了社会自身的能力建设，有助于形成成熟的社会基础。

党的十八大报告提出，要切实加强社会建设和管理，建立健

---

① 王思斌：《社会治理结构的进化与社会工作的服务型治理》，《新华文摘》2015 年第 8 期，第 14～15 页。

② 郁建兴、关爽：《当代中国国家与社会关系的新进展》，《新华文摘》2015 年第 9 期，第 11 页。

③ 郁建兴、关爽：《当代中国国家与社会关系的新进展》，《新华文摘》2015 年第 9 期，第 12 页。

全党委领导、政府负责、社会协同、公众参与、法治保障的社会管理格局，营造全体人民各尽所能、各得其所而又和谐相处的社会环境。党的十八届三中全会则从完善和发展中国特色社会主义制度，推进国家治理体系和治理能力现代化这一总目标出发，指出："创新社会治理，必须着眼于维护最广大人民根本利益，最大限度增加和谐因素，增强社会发展活力，提高社会治理水平……维护国家安全，确保人民安居乐业、社会安定有序。"党的十八届四中全会做出了全面推进依法治国的重要决策，就深入推进依法行政、加快建设法治政府和推进法治社会建设提出了具体要求。这既是对已有国家与社会互动实践的合法性确认，也将进一步推动国家与社会间关系的变迁。与"社会管理"相比，"社会治理"更加强调制度建设和在法治的轨道之下解决问题，为各级政府在新型政社关系中寻求自身的角色定位指明了方向。①

学者俞可平指出，强调"国家治理"而非"国家统治"，强调"社会治理"而非"社会管理"，不是简单的词语变化，而是思想观念的变化。"国家治理体系和治理能力现代化"，是一种全新的政治理念，表明我们党对社会政治发展规律有了新的认识，是马克思主义国家理论的重要创新，也是中国共产党从革命党转向执政党的重要理论标志。从实践上说，治理改革是政治改革的重要内容，国家治理体系的现代化也是政治现代化的重要内容。② 从"社会管理"到"社会治理"，一字之差，内涵却发生了深刻变化，标志着社会治理模式的全面变革，可以被看作执政

---

① 谭志福：《创新社会治理与新型政社关系中地方政府的多重角色》，《中国行政管理》2016 年第 3 期，第 77 页。
② 俞可平：《推进国家治理现代化的六大措施》，《前线》2014 年第 4 期，第 2 页。

党基于中国经济社会发展及社会管理任务实际而发生的带有重大创新意义的进化。

简而言之，社会治理，即治理主体从以依靠政府为主走向全社会共同参与，治理手段从以依靠行政手段为主走向全面推进依法治国，治理内容从以"管"为主走向管理与服务的有机结合，治理目标从以治标为主走向源头治理、标本兼治。

（三）我国社会治理面临的困难及主要任务

1. 当前我国社会治理面临的困难

现代社会治理的难题在于，如何实现有效的政府管理和有效的社会自我管理的平衡，从而在社会治理中既发挥政府的作用，又激发社会自我治理的活力。[1] 具体来看，社会活力不足是社会治理现代化中的最大短板，政府社会治理体制已滞后于时代需求，当前社会矛盾总体不容乐观。[2] 殷昭举在《中国社会治理的现代化》一文中提出，作为国家治理现代化的重要支撑，社会治理现代化面临的问题有：生存压力问题、公平正义问题、权力失范和信任危机问题、环境污染问题、社会二元结构问题、自治缺失问题、群体冲突问题、社会治安问题。[3] 陈朋提出地方治理中有四重制约因素：治理主体单一、治理力量碎片、治理权责失衡、治理取向偏移。[4] 王岩、魏崇辉分析了我国基层社会治理中面临的问题，主要有：治理主体的职能定位不够

---

① 汪锦军：《嵌入与自治：社会治理中的政社关系再平衡》，《中国行政管理》2016 年第 2 期，第 70 页。

② 胡颖廉：《政府如何推进社会治理现代化》，《学习时报》2014 年 7 月 14 日。

③ 殷昭举：《中国社会治理的现代化》，《社会学评论》2014 年第 3 期，第 31～34 页。

④ 陈朋：《走出地方治理困境》，《学习时报》2015 年 3 月 30 日，第 4 版。

准确，权责关系不够清晰；基本公共服务非均等化导致基层社会治理水平的差异；基本价值取向一定程度的偏差使得社会治理背离初衷；法治精神不够彰显甚至缺失，直接影响基层社会治理的有效性。①

2. 当前我国社会治理的主要任务

西方国家将社会治理区分层次的做法可以为我们所借鉴。一个层次是政府向社会提供公共服务并依法对有关社会事务进行规范和调节；另一个层次是社会自我服务并依据法律和道德进行自我规范和调节。在西方国家，这两个层次是割裂甚至存在冲突的，而对我国来说，这两个层次应当是和谐的、无缝对接的。加强和创新社会治理的过程是实现社会善治的过程，政府和社会要各归其位、各担其责。

学者贾玉娇指出，现阶段我国社会治理创新的主要目标在于化解掣肘社会进步的矛盾症结，促进经济社会和谐发展；鼓励社会参与，提高国家治理有效性。② 杜飞进提出，提高我国社会治理科学化、现代化水平，努力朝着社会治理的理想状态迈进，需要抓好五个关键环节，即社会治理保健化、社会治理法治化、社会治理系统化、社会治理社会化和社会治理信息化。③ 王名进一步认为，社会治理创新应在以下几方面发力：一是促进社会救助主体多元化，引导和规范社会力量参与社会救助；二是把属于社会的还给社会，社会体制改革，就是要激活人民团体和事业单

---

① 王岩、魏崇辉：《基层社会治理的理性认知与实践路径探究》，《中国行政管理》2016 年第 3 期，第 82～83 页。

② 贾玉娇：《创新社会治理体制：目标、条件及关键议题》，《新华文摘》2014 年第 22 期，第 16～22 页。

③ 杜飞进：《建立更加和谐的政府与社会关系》，《社会科学研究》2015 年第 4 期，第 14 页。

位，让它们充满生机；三是构建现代社会组织支持体系。这套支持体系首先指的是国家关于社会组织培育发展、扶持推动、优惠补贴等各种支持性政策和制度的总和，包括社会组织的培育发展制度、优先参与购买服务等扶持推动制度、优惠税收制度等。习近平总书记特别强调，要注重用法治思维和法制的方法进行社会治理。

加强和创新社会治理，是我国社会主义社会发展规律的客观要求，是人民安居乐业、社会安定有序、国家长治久安的重要保障。《中共中央关于制定国民经济和社会发展第十三个五年规划的建议》针对社会治理领域存在的突出问题，就加强和创新社会治理做了全面部署。我们要适应新形势，增强风险意识，深化对社会治理规律的认识，以理念思路、体制机制、方法手段创新为动力，以现代科学技术为引领，以基层基础建设为支撑，提高社会治理现代化水平。社会治理是全社会的共同行为。我们应确立合作、互通、共享理念，打造社会治理人人有责、人人尽责的命运共同体，构建全民共建共享的社会治理格局。创新社会治理方式的核心是实现政府治理和社会自我调节、居民自治的良性互动。要加强党委领导，发挥政府主导作用，鼓励和支持社会各方面参与，努力在实现政府治理和社会自我调节、居民自治良性互动上取得成效。①。

①加强党委领导。治理主体以及治理主体的地位和相互关系不同，是中国和西方国家治理的一个显著区别。党的领导、人民当家做主、依法治国的有机统一是我国制度的重要优势。党的性

①　李勇主编《中国社会组织改革发展舆情报告（2013）》，中国社会出版社，2014，第131~132页。

质和宗旨，决定了坚持党的领导的实质，是为了让人民更好地行使当家做主的权利，是为了更好地建设社会主义国家，是为了不断实现好、维护好、发展好最广大人民的根本利益。因此，创新社会治理方式，并不是像一些人认为的那样要弱化党委领导，相反是要加强党委领导，关键是让党委真正发挥总揽全局、协调各方的领导核心作用，让人民群众真正发挥当家做主的作用。

②发挥政府治理的主导作用。我国政府是国家权力的执行机关，只有政府在社会治理中发挥主导作用，才能保证我国人民当家做主的权利落到实处。应强化政府在研判社会发展趋势、编制社会发展规划、制定社会政策法规和统筹社会治理方面的制度性设计、全局性事项管理等职能，发挥好政府在社会治理中的主导作用。推进政社分开，放开市场准入，释放改革红利，凡社会能办好的尽量交给社会力量承担，充分发挥社会力量在社会治理中的作用。各级政府应完善社会治理考核机制和指标体系，确保责任到位、工作到位、举措到位，履行已明确的社会治理职责，落实已出台的社会治理政策措施，完成已提出的社会治理目标任务。建立畅通有序的诉求表达、心理干预、矛盾调处、权益保障机制。

③增强社会自我调节功能。以加强协商民主顺应人民广泛政治参与的需要，以积极培育社会组织激发社会活力和凝聚力。依托工会、共青团组织、妇联、基层群众自治组织和社会组织，开展形式多样、方法灵活的平等对话、相互协商、彼此谈判、规劝疏导，化解不同利益主体之间的利益冲突。推进以行业规范、社会组织章程、村规民约、社区公约为基本内容的社会规范建设，充分发挥社会规范在协调社会关系、约束社会行为、保障群众利益等方面的作用，通过自律、他律、互律使公民、法人和其他组织的行为符合社会共同行为准则。

④深化居民自治。深入贯彻居委会组织法、村委会组织法，积极适应新形势、顺应居民新期待，完善党组织领导的充满活力的基层群众自治机制，拓宽居民参加社会治理的范围和途径，丰富居民参加社会治理的内容和形式，让居民能够依法办理自己的事情，发挥居民在基层社会治理中的主体作用，促进政府治理与居民自治良性互动。

（四）我国社会治理进程中的社会组织发展综述

国内对社会组织的理解，一种有代表性的观点是：在政府和各类不同经济主体之外的那个层面，就是人们常说的社会组织。[①]这一界定接近于国外所称的"非政府组织"（NGO：Non-Governmental Organization）、"非营利组织"（NPO：Non-Profitable Organization）、"第三部门"和"第三域"（Third Sector）、"非政府公共部门"（Non-Governmental Public Sector）、"志愿部门"（Voluntary Sector）、"利他的部门"（Altruistic Sector）等。泛指由相同利益需求主体自发成立的，具有非营利性、非政府性、自治性和社会性等特征的各种公民组织[②]，其资金来源包括政府资助、企业（或个人）捐赠和服务收费[③]。

2006年10月，党的十六届六中全会通过《中共中央关于构建社会主义和谐社会若干重大问题的决定》，首次提出并系统论述了"社会组织"的概念，自此"社会组织"概念逐渐取代上述常用的"非政府组织""非营利组织""第三部门"等不同称

---

① 游明信：《培育和发展社会组织浅析》，《经纪人》2001年第9期，第20~25页。
② Lester M. Salamon & Helmut K. Anheier, "The Civil Society Sector," *Society* 2（1997）.
③ Word Bank "Outsourcing Social Sevvices to CSOs：Lessons from Abroad," June 2009.

谓，初步实现了中国化，成为中国特殊制度环境中的概念。① 在我国，社会组织一般是指在民政部门依法登记设立并在经济和社会活动中发挥服务、沟通、协调、监督、维权、自律等作用的社会团体、基金会和民办非企业单位。它们是社会建设的重要主体，既是承接政府转移职能、提供公共服务、创新社会管理的主体，也是满足社会公众多元化、个性化需求的关键行动者。

有学者指出我国社会组织与政府之间的关系与西方国家不同。在西方国家，它们之间既存在合作关系，也存在对抗关系。而在我国，它们是在利益一致基础上紧密结合在一起的，之间存在的是一种协助、合作关系。明确中国特色社会主义理论对这类组织基本属性、主要特征的科学认识，提出政府需要大力培育、发展各类社会组织，尤其需要加快政府职能转变是推动"两新"组织发展的根本措施。② 但当前一些人依然存在轻视、不信任甚至是恐惧社会组织发展的错误观念，同时，我国社会组织发展也还面临着法律环境缺失、注册困难、资金不足、人才匮乏、参与缺位以及自身建设缺乏规范等问题。③ 例如，社会组织登记制度不完善，对一些社会组织的登记门槛还比较高，导致规模小或资金少的社会组织比如社区民间组织、学生社团、网上社团、业主委员会等难以登记。

王名、丁晶晶在《社会组织参与社会管理创新的基本经验》一文中认为问题突出表现在：管理体制严重滞后，政策支持力度不够，监督管理手段缺失，社会组织发育不良，社会组织公信力

---

① 王向民：《分类治理与体制扩容：当前中国社会组织治理》，《华东师范大学学报》2014 年第 5 期，第 87～96 页。

② 戴建中：《积极探索创新社会组织的管理办法》，《学习时报》2011 年 4 月 4 日。

③ 韩冬雪：《社会建设与社会管理体制创新》，《新视野》2013 年第 2 期，第 21～23 页。

不高，社会组织作用不大。① 针对边疆民族地区社会组织，有的学者指出，它们的发展情况如同我国社会组织的总体发展情况一样，但具体来看，它们又有自身的一些突出问题：数量少，分布不合理；独立性不强；内部管理薄弱，缺乏专业人才，从业人员流动性较高；党组织覆盖率低，党建工作基础薄弱；活动经费不足，作用发挥不够充分；等等。② 而政府对社会组织的管理形成了一种"多元化管理策略"的"分类控制"。③ 2007 年，康晓光等人在此基础上进一步精细化，提出"行政吸纳社会"的分析模式④，按照结构、行为、功能三个指标将当前中国的民间组织归纳为 15 种类型，将政府的控制策略归纳为准政府、事业单位、双重管理、归口管理、代管、放任、禁止 7 种多元化分类控制模式，而政府的发展策略则包括延续、新建、收编、合并、无支持 5 种。最近，有学者指出，虽然改革开放以来，我国在政府与社会组织关系构建方面是朝着平等合作、良性互动的方向发展，但不可否认的是，在实践中也仍然存在一些问题：税收优惠政策难以落实、政社不分与多头领导、政府职能转移界限不清及选择性职能转移等。⑤

---

① 王名、丁晶晶：《社会组织参与社会管理创新的基本经验》，《中国行政管理》2013 年第 4 期。

② 马国芳：《跨境民族地区社会组织现状研究》，云南人民出版社，2014，第 46~55 页。

③ 康晓光、韩恒：《分类控制：当前中国大陆国家与社会关系研究》，《社会学研究》2015 年第 6 期。

④ 康晓光、卢宪英、韩恒：《改革时代的国家与社会关系：行政吸纳社会》，转引自王名《中国民间组织 30 年：走向公民社会》，社会科学文献出版社，2008。

⑤ 黄建军、梁宇、余晓芳：《改革开放以来我国政府与社会组织关系建构的历程与思考》，《中国行政管理》2016 年第 7 期，第 38~39 页。

　　当前，我国正在努力通过制度变革与治理改革，创造有利于社会参与的机会，有意识地培育社会力量，激发社会活力，允许并引导社会力量发挥更大作用。党的十六届六中全会提出要"发挥各类社会组织提供服务、反映诉求、规范行为的作用"，要增强各类社会组织的"服务社会功能"。党的十八大报告明确提出，现代社会组织体制是社会主义社会管理体系的一个组成部分，第一次鲜明地、充分地肯定了现代社会组织在社会管理中的重大作用。党的十八大及十八届二中、三中全会明确要求，加快形成政社分开、权责明确、依法自治的现代社会组织体制，改革社会组织管理制度，激发社会组织活力，社会组织的改革发展已经上升为党和国家的重大发展战略。

　　社会组织是社会治理的重要主体和依托。马庆钰在《"十三五"时期我国社会组织发展思路》一文中提出要：立足于国家治理现代化来发展社会组织，立足于建立现代社会组织体制来发展社会组织，立足于激发社会组织活力来发展社会组织。进而提出社会组织健康发展的原则：第一，坚持深化改革，政社分开；第二，坚持依法自治，规范运作；第三，坚持公平政策，开放竞争；第四，坚持统筹谋划，尊重规律；第五，坚持因地制宜，创新借鉴；第六，坚持各方联动，协同推进。[①]

三　云南省社会组织发展基本情况分析

（一）云南省社会组织统计分析

1. 云南省社会组织总数统计分析

改革开放以来，云南省社会组织快速发展，社会组织总数

---

① 马庆钰：《"十三五"时期我国社会组织发展思路》，《新华文摘》2015年第16期，第22~24页。

2010 年为 12618 个、2011 年为 13518 个、2012 年为 15295 个、2013 年为 16954 个，至 2014 年达到 19959 个，比 2013 年增长 17.72%；省级新登记社会组织 139 个，比 2013 年增长 18%，直接登记社会组织 107 个，占新登记总数的 90.68%。①

2014 年底，云南省社会组织总数占全国社会组织总数 606048 个的 3.17%。其中社会团体数为 12987 个，占全国社会团体数 309736 个的 4.19%；民办非企业单位数为 6145 个，占全国民办非企业单位数 292195 个的 2.1%；基金会数为 75 个，占全国基金会数 4117 个的 1.82%（见表 1）。表 1 中数据反映出经济欠发达的云南省社会组织总数占全国总数的比例不高，社会组织分布非常不均匀，而且目前每万人拥有的社会组织数量只有 4.4 个，远远低于大多数国家的万人社会组织拥有数②。

表 1　2014 年底云南省社会组织概况统计

单位：个，%

项　　目	社会组织数量	占全省（全国）的比例	社会团体数量	占全省（全国）的比例	民办非企业单位数量	占全省（全国）的比例	基金会数量	占全省（全国）的比例
省　本　级	1265	6.59	884	6.81	313	5.09	68	90.67
昆　明　市	4113	21.41	1644	12.66	2468	40.16	1	1.33
曲　靖　市	1890	9.84	1023	7.88	866	14.09	1	1.33
玉　溪　市	981	5.11	736	5.67	245	3.99	0	0.00
保　山　市	463	2.41	387	2.98	76	1.24	0	0.00

---

① 杨之辉：《云南省社会组织总数已达 19959 个　增长 13.9%》，云南网，http://yn.yunnan.cn/html/2015 - 02/10/content_3594573.htm，2015 年 2 月 10 日。

② 汪锦军：《嵌入与自治：社会治理中的政社关系再平衡》，《中国行政管理》2016 年第 2 期，第 74 页。

续表

项　目	社会组织数量	占全省（全国）的比例	社会团体数量	占全省（全国）的比例	民办非企业单位数量	占全省（全国）的比例	基金会数量	占全省（全国）的比例
昭　通　市	1171	6.10	955	7.35	213	3.47	3	4.00
丽　江　市	679	3.54	504	3.88	175	2.85	0	0.00
普　洱　市	902	4.70	759	5.84	143	2.33	0	0.00
临　沧　市	802	4.18	733	5.64	69	1.12	0	0.00
楚　雄　州	1172	6.10	981	7.55	189	3.08	2	2.67
红　河　州	1401	7.29	1062	8.18	339	5.52	0	0.00
文　山　州	884	4.60	728	5.61	156	2.54	0	0.00
西双版纳州	327	1.70	262	2.02	65	1.06	0	0.00
大　理　州	1918	9.99	1256	9.67	662	10.77	0	0.00
德　宏　州	563	2.93	444	3.42	119	1.94	0	0.00
怒　江　州	308	1.60	287	2.21	21	0.34	0	0.00
迪　庆　州	368	1.92	342	2.63	26	0.42	0	0.00
全 国 总 量	606048	—	309736	—	292195	—	4117	
云南省总量	19207	3.17	12987	4.19	6145	2.1	75	1.82

注：原始数据来源于云南省民政厅、云南省各州（市）民政局（截至 2014 年 12 月 30 日）。截至 2015 年 6 月 30 日，云南省全省社会组织总数为 21085 个，其中社会团体 14167 个、民办非企业单位 6829 个、基金会 89 个。但因全国及云南省各州市 2015 年的数据不齐全，本文统计数据分析以 2014 年统计为准。

从表 1 中我们还可以看出，2014 年底，在云南省社会组织总数中，省本级有 1265 个，占社会组织总数的 6.59%，其余主要分布在 8 个州市。其中，昆明市的社会组织数为 4113 个，占全省社会组织总数的 21.41%；社会团体数为 1644 个，占全省社会团体数的 12.66%；民办非企业单位数为 2468 个，占全省民办非企业单位数的 40.14%。昆明市社会组织数量、社会团体数量、民办非企业单位数量均是云南省各州市中最高的，这与昆明市的经济发展水平较高有关。另外，昆明市作为省会城市，与全国一线二线城市的联系更为紧密，在信息交流和技术共享上，相比云南省其他的州市来说，昆明市有更大的机会和更好的条件。

除此之外，截至 2014 年底，社会组织数量较多且比例在 5% 以上的还有曲靖市（9.84%）、玉溪市（5.11%）、昭通市（6.10%）、楚雄州（6.10%）、红河州（7.29%）、大理州（9.99%）。由此可见，云南省社会组织初步形成了层次不同、区域有别的发展格局。

2. 云南省社会组织活动领域分类统计分析

2006 年底，民政部提出了中国社会组织新的分类体系，并将其用于三类社会组织的年度检查工作。这套分类体系将社会团体、民办非企业单位和基金会划分为 14 个类别：科学研究、生态环境、教育、卫生、社会服务、文化、体育、法律、工商服务、宗教、农业及农村发展、职业及从业者组织、国际及涉外组织以及其他。具体分类标准及指标解释见表 2。

表 2　社会组织分类标准及指标解释

大类	门类	代码	类别名称	指标解释
经济	S	1	工商服务	从事工业、商业、服务业等的经济类组织，包括商会
	S	2	农业及农村发展	直接为农业及农村发展服务的组织
科学研究	M	3	科学研究	从事自然科学、社会科学研究的组织，包括思想政治工作研究会
社会事业	P	4	教育	从事各种教育活动的组织
	Q	5	卫生	从事各种医疗、卫生、保健服务的组织
	R	6	文化	从事文学、艺术、娱乐、收藏、新闻、媒体、出版等方面的组织
	R	7	体育	从事各种体育运动、健身活动的组织
	N	8	生态环境	从事动物、植物保护，环境保护以及环境治理的组织

大类	门类	代码	类别名称	指标解释
慈善	Q	9	社会服务	从事社会福利、救灾救助、社会保障及社会事务的组织
综合	S	10	法律	从事各种法律研究、咨询、援助、代理的组织
	S	11	宗教	各类宗教及宗教交流组织
	S	12	职业及从业者组织	职业协会、专门行业从事者组织
	T	13	国际及涉外组织	国际性非营利组织、外国商会、境外非营利组织驻华机构等
	K	14	其他	校友会、友好协会，及其他未列明的组织

注：整理自民政部发布的中国民间组织新的分类统计数据报表。

按照表 2 中的这套分类体系，本文对云南省社会组织分布领域进行了研究。在数量增长的同时，云南省社会组织的服务能力也不断增强，影响力不断增强，在社会治理中发挥了积极作用。业务范围涉及教育、科技、文化、卫生、环保、公益、慈善等社会生活的方方面面，广泛分布于全省城乡各个领域、各个行业。

（1）社会团体

截至 2014 年底，云南省社会团体数为 12987 个，占全省社会组织总数的 67.62%。从 14 类社会团体的统计数据可以发现，2014 年底，占云南省社会团体总数比重较高的社会团体类型（见表 3）主要有：农业及农村发展类（29.18%）、其他类（16.89%）、社会服务类（10.83%）、文化类（9.80%）、工商服务类（8.49%）、职业及从业者组织类（5.10%）。

表3　2014年底云南省社会组织分布领域概况统计

单位：个,%

类　　别	社会团体数量	占全省的比例	民办非企业单位数量	占全省的比例	基金会数量	占全省的比例
科学研究	403	3.10	175	2.85	0	0.00
生态环境	217	1.67	4	0.07	6	8.00
教育	299	2.30	4710	76.65	20	26.67
卫生	469	3.61	392	6.38	4	5.33
社会服务	1406	10.83	243	3.95	28	37.33
文化	1273	9.80	178	2.90	5	6.67
体育	633	4.87	268	4.36	0	0.00
法律	221	1.70	4	0.07	1	1.33
工商服务	1103	8.49	27	0.44	0	0.00
宗教	301	2.32	3	0.05	0	0.00
农业及农村发展	3789	29.18	5	0.08	0	0.00
职业及从业者组织	662	5.10	6	0.1	0	0.00
国际及涉外组织	22	0.17	0	0.00	1	1.33
其他	2189	16.86	130	2.12	10	13.33
云南省总量	12987	—	6145	—	75	—

注：数据整理来源于云南省民政厅调研，2015年12月30日。

在社会团体分类中，农业及农村发展类的社会团体数量较多，影响较大。其中主要包括农村专业经济协会、农村扶贫互助组、农村用水协会以及农村社区社会组织。这与党和国家出台的一系列方针政策有紧密关系。例如，2002年，党的十六大报告提出"积极推进农业产业化经营，提高农民进入市场的组织化程度和农业综合效益"。2003年，民政部下发了《关于加强农村专业经济协会培育发展和登记管理工作的指导意见》；云南省制定了《云南省农村专业经济协会章程示范文本》。2008 年，云南省民政厅下发了《关于促进社区社会组织建设与管理指导意见》，对社区社会组织实行登记和备案的双重管理模式。社会服务类社会团体中从事减灾、老龄、残疾人服务及社会事务的也很多，正发挥着日益重要的积极作用。

目前，云南省全省共登记农村专业经济协会 3171 个。在农村，普遍形成了"农户 + 协会""农户 + 合作社 + 协会""农户 + 企业 + 合作社 + 协会"等生产经营模式。农村专业经济协会在整合土地资源，促进农业产业化、规模化，提高农业科技水平、改良品种，建立农业标准园、示范园，形成云南省高原特色农业、绿色生态产业等方面发挥了重要作用。农村扶贫互助社从 2012 年的 399 个增长到 2014 年的 1070 个，为云南省精准扶贫、创新扶贫模式做出了重要贡献。在城乡社区登记或备案的 7464 个社区社会组织（登记 4520 个、备案 2944 个）积极开展健康向上的娱乐、文化、体育等活动，推动了社区精神文明建设，弘扬了社会主义核心价值观。

文化类社会团体主要包括从事文学、艺术、娱乐、收藏、新闻、媒体、出版等方面的"协会"、"联合会"或"促进会"。这类社会团体在社会团体整体中的比重也较高，这主要与国家提出的大力培育文化产业，特别是国家针对创意文化产业和动漫产业出台了相关引导政策有关，也与云南省提出建立文化大省、文化强省的战略是密不可分的。工商服务类社会团体数量占社会团体总量的 8.49%，它主要包括行业协会（商会）和异地商会，会员主体为从事相同性质经济活动的单位、同业人员，或同地域的经济组织。近年来，云南省紧紧围绕经济社会跨越式发展战略，重点培育发展与云南省经济发展密切相关的行业协会、商会，促进企业产业转型升级、淘汰落后产能，为"大众创业、万众创新"提供服务平台。同时，由于异地商会有异化为同乡会、老乡会的可能，民政部对成立异地商会有一定限制。近几年，因招商引资的需要，有的州市盲目发展异地商会，需引起关注。

从14类社会团体的统计数据还发现，生态环境类社会团体的数量在社会团体总量中所占的比例不高，只有1.67%。这与云南省"动植物王国"的称号是不相符的，也与云南省生物多样性的环境保护和环境治理面临的艰巨任务有差距。2014年，新修订的《中华人民共和国环境保护法》，将依法在设区的市级以上人民政府民政部门登记，且专门从事环境保护公益活动连续五年以上且无违法记录的社会组织作为环境公益诉讼的主体；最高人民法院、民政部、环境保护部联合下发了《关于贯彻实施环境民事公益诉讼制度的通知》，明确了社会组织实施环境民事公益诉讼制度的有关事项。但从事动物、植物保护，环境保护以及环境治理的"协会"或"联合会"的数量在社会团体总数中所占的比例没有太大变化。

值得一提的是，科学研究类社会团体在全省社会团体总量中的占比（3.10%）也不高。这类社会团体大多没有工作经费，只有原来业务主管单位科协和社科联有少量的经费补助，开展的活动较少。由于该类社会团体的培育发展环境不能依靠市场经济的规律决定，即使现在实行直接登记，其增长数量有限且质量也有待提高，政府应给予更多的扶持。2015年，中共中央办公厅、国务院办公厅联合印发《关于加强中国特色新型智库建设的意见》，提出"由民政部会同有关部门研究制定规范和引导社会力量兴办智库的若干意见,确保社会智库遵守国家宪法法律法规,沿着正确方向健康发展。进一步规范咨询服务市场,完善社会智库产品供给机制"。如果该类社会团体的作用发挥得好,民间智库的作用就可以得到充分发挥。

综上分析,云南省许多社会团体植根基层,活跃于城乡社区,为广大群众理性有序表达诉求和自我管理、自我服务提供载体,在促进社会既充满活力又和谐稳定方面,发挥了"调节器""减压阀"的作用,促进了社会自治。行业协会、商会开展行业自律,协调企业之间及企业与政府之间的、企业与社会之间的关系,在依靠市场手段难以调节、依靠行政力量效果不佳或政府无暇应对的工作方面,发挥了独特作用,维护了市场经济秩序。社会团体是政府转移职能的重要承接者,在云南省省政府、市(州)政府、县政府下放的多项行政审批事项中,有相当一部分被转移给社会团体承接,从而促进了行政体制改革的深化。

(2)民办非企业单位

民办非企业单位是指企业事业单位、社会团体和其他社会力量以及公民个人利用非国有资产举办的从事非营利性社会服务活动的社会组织。它具有民间性、社会性、公益性和非营利性等特性。截至2014年底,云南省民办非企业单位有6145个,占云南省社会组织总数的31.99%。从14类民办非企业单位的统计数据可以发现,教育类民办非企业单位数为4710个,占云南省民办非企业单位总数的76.65%,所占比例是最高的。这与国家近年来大力支持教育制度改革、支持民办教育发展的政策有关。

例如,2012年,《国务院关于深入推进义务教育均衡发展的意见》(国发〔2012〕48号)提出"在公办学校不能满足需要的情况下,可采取政府购买服务等方式保障进城务工人员随迁子女在依法举办的民办学校接受义务教育"，将政府购买社会组织服务运用于教育领域；2014 年，国务院下发的《国务院关于加快发展现代职业教育的决定》（国发〔2014〕19 号）提出："引导支持社会力量兴办职业教育。创新民办职业教育办学模式，积极支持各类办学主体通过独资、合资、合作等多种形式举办民办职业教育；探索发展股份制、混合所有制职业院校，允许以资本、知识、技术、管理等要素参与办学并享有相应权利。探索公办和社会力量举办的职业院校相互委托管理和购买服务的机制。引导社会力量参与教学过程，共同开发课程和教材等教育资源。社会力量举办的职业院校与公办职业院校具有同等法律地位，依法享受相关教育、财税、土地、金融等政策。健全政府补贴、购买服务、助学贷款、基金奖励、捐资激励等制度，鼓励社会力量参与职业教育办学、管理和评价。"

卫生类民办非企业单位数量仅次于教育类，有 392 个，占民办非企业单位总数的 6.38%。与教育类民办非企业单位情况相似，近年来，为保障民生，重点解决"看病难、看病贵"等社会问题，国家先后出台了多项相关政策，如 2009 年 3 月的《中共中央　国务院关于深化医药卫生体制改革的意见》、2014 年 5 月的《国务院办公厅关于印发深化医药卫生体制改革 2014 年重点工作任务的通知》（国办发〔2014〕24 号）、2015 年 4 月的《国务院办公厅关于全面推开县级公立医院综合改革的实施意见》（国办发〔2015〕33 号）等，特别是 2015 年 6 月下发的《国务院办公厅印发关于促进社会办医加快发展若干政策措施的通知》（国办发〔2015〕45 号），针对现实与多元办医格局目标之间的距离，从破解一些体制机制障碍和政策束缚的角度提出了具体政策措施，以加快推进社会办医疗机构成规模、上水平发展，不断满足人民群众多样化、多层次医疗卫生服务需求，为经济社会转型发展注入新的动力。

体育类民办非企业单位数为 268 个，占民办非企业单位总数的 4.36%。2014 年 10 月，《国务院关于加快发展体育产业促进体育消费的若干意见》（国发〔2014〕46 号）提出："鼓励社会力量参与。进一步优化市场环境，完善政策措施，加快人才、资本等要素流动，优化场馆等资源配置，提升体育产业对社会资本吸引力。培育发展多形式、多层次体育协会和中介组织。加快体育产业行业协会建设，充分发挥行业协会作用，引导体育用品、体育服务、场馆建筑等行业发展""鼓励社会资本进入体育产业领域，建设体育设施，开发体育产品，提供体育服务"。随着相关鼓励支持体育产业发展的配套政策的出台，体育类民办非企业单位在今后将有大幅增长。

社会服务类民办非企业单位数量为 243 个，占民办非企业单位总数的 3.95%。作为解决民生问题的重要途径，社会服务类民办非企业单位是近年来云南省各级政府大力鼓励和支持的民办非企业单位类别之一，并投入了大量的资源。2012 年以来，民政部、国家发改委、财政部、共青团中央、中国残联等部门先后出台了《民政部关于促进社会力量参与流浪乞讨人员救助服务的指导意见》《民政部关于加强和创新慈善超市建设的意见》《关于加强青少年事务社会工作专业人才队伍建设的意见》《关于做好政府购买养老服务工作的通知》《关于做好政府购买残疾人服务试点工作的意见》《民政部关于进一步加快推进民办社会工作服务机构发展的意见》《关于鼓励民间资本参与养老服务业发展的实施意见》《中国残疾人联合会　民政部关于促进助残社会组织发展的指导意见》等，云南省省级相关部门也出台了落实意见，但在政策落实、资金投入方面还需继续努力。

文化类民办非企业单位数为 178 个，占民办非企业单位总数的 2.90%，数量较小。2015 年，《国务院办公厅转发文化部等部门关于做好政府向社会力量购买公共文化服务工作意见的通知》（国办发〔2015〕37 号）将公益性文化体育产品的创作与传播，公益性文化体育活动的组织与承办，中华优秀传统文化与民族民间传统体育的保护、传承与展示，公共文化体育设施的运营和管理，民办文化体育机构提供的免费或低收费服务作为政府向社会力量购买公共文化服务的主要内容，提出"培育市场主体，丰富服务供给"，推进政府向社会力量购买公共文化服务与培育社会化公共文化服务力量相结合，规范和引导社会组织健康发展，逐步构建多层次、多方式的公共文化服务供给体系。

科学研究类民办非企业单位数为 175 个，占民办非企业单位总数的 2.85%。科学研究类社会组织可通过科研攻关、新产品研发、技术创新、高新技术成果（专利）转让、科技项目实施、技术咨询、技术服务等方式，加快提升云南省的科技自主创新能力和产品研发能力。

生态环境类民办非企业单位在民办非企业单位总量中所占的比重非常低，数量仅为 4 个。云南省拥有得天独厚的地理优势，有"动植物王国"的美称，但是其生态环境类民办非企业单位数量并不多。由于云南省农村社区建设处于起步阶段，农业及农村发展类民办非企业单位也较少，2014 年底全省仅有 5 个。

综上分析，民办非企业单位为云南省提供了多样化公共服务。各类民办教育、医疗、养老、文体、科技等领域的社会服务机构丰富了公共服务的内容，对满足人民群众日益增长的多样化公共服务需求起到了重要作用。

（3）基金会

公益慈善事业被称为"第三次分配"，对缩小财富差距、保障弱者权益、促进公平正义具有积极作用。各类基金会发展公益慈善事业，凝聚数万名志愿者，在减贫济困、救灾防灾、助学助医、环境保护等方面发挥了重要作用。2004 年的《基金会管理条例》出台后，国家加大了对慈善事业类社会组织的培育力度，2012 年国家宗教事务局、中共中央统战部、国家发展和改革委员会、民政部、财政部、国家税务总局联合印发的《关于鼓励和规范宗教界从事公益慈善活动的意见》、2014 年国务院印发的《关于促进慈善事业健康发展的指导意见》、2015 年民政部和国资委联合下发的《关于支持中央企业积极投身公益慈善事业的意见》，以及 2016 年公布的《中华人民共和国慈善法》，鼓励基金会在慈善事业中发挥作用。《中共云南省委 云南省人民政府关于加快民营经济发展的决定》（云发〔2012〕12 号）则把公益慈善性社会组织作为重点培育的社会组织，将其登记管理权限下放到县级，降低其注册资金要求，在县级民政部门申请成立非公募基金会的，原始注册资金要求降低到 100 万元，根据公开、平等、竞争的原则，鼓励基金会降低运行成本，基金会工作人员工资福利和行政办公支出占当年总支出的比例，按照不同基金规模及实际支出确定，并向社会公示。2015 年，《云南省人民政府关于促进慈善事业健康发展的实施意见》（云政发〔2015〕88号）出台，为慈善组织营造了良好的发展环境。

截至 2014 年底，云南省基金会有 75 家，占云南省社会组织总数的 3.90%。云南省的基金会在省厅成立的有 68 家，昆明有 1 家，曲靖有 1 家，昭通有 3 家，楚雄有 2 家。基金会主要分布在省一级，在州、市成立的较少，主要分布在中部和中东部地区。从 14 类基金会的统计数据看，基金会主要为教育和社会服务类。至今，云南省仍没有科学研究类、体育类、工商服务类、宗教类、农业及农村发展类、职业及从业者组织类基金会。截至 2014 年底，生态环境类基金会有 6 家，教育类基金会有 20 家，卫生类基金会有 4 家，社会服务类基金会有 28 家，文化类基金会有 5 家，法律类和国际及涉外组织类基金会分别有 1 家。

作为 2015 年 "全国先进社会组织" 的申报者，云南省青少年发展基金会通过公益徒步等方式累计筹款超过 8 亿元人民币，援建希望小学 1800 多所，资助家庭困难学生 15 万余名，培训乡村教师 38000 余人，配置希望厨房、希望图书室、快乐音乐教室、希望电脑教室等 500 余个，为旱灾区建设希望水窖 28000 余座，帮助 3000 余名经济困难农村青年立足乡土脱贫致富，提供了 3000 余万元医疗资助，使 1212 名家庭经济困难先天性心脏病患儿重获健康，为近百名白血病、重度烧伤、罕见病等重症青少年儿童提供了及时帮助。

（二）云南省社会组织发展取得新进展

2012 年 11 月召开的党的十八大提出了 "加快形成政社分开、权责明确、依法自治的现代社会组织体制" 的目标；2013 年 3 月 5～17 日召开的第十二届全国人民代表大会第一次会议通过《国务院机构改革和职能转变方案》，提出："改革社会组织管理制度。加快形成政社分开、权责明确、依法自治的现代社会组织体制，逐步推进行业协会商会与行政机关脱钩，强化行业自律，使其真正成为提供服务、反映诉求、规范行为的主体。探索一业多会，引入竞争机制。重点培育、优先发展行业协会商会类、科技类、公益慈善类、城乡社区服务类社会组织。" 2013 年

11月召开的党的十八届三中全会进一步提出，创新社会治理体制，激发社会组织活力，正确处理政府和社会关系，加快实施政社分开，推进社会组织明确权责、依法自治、发挥作用；简政放权，加快政府职能转移，适合由社会组织提供的公共服务和解决的事项，交由社会组织承担；切实实现行业协会商会与行政机关脱钩；建立政府向社会组织购买公共服务制度。2014年10月召开的党的十八届四中全会提出，加强社会组织立法，规范和引导各类社会组织健康发展；发挥人民团体和社会组织在法治社会建设中的积极作用，建立健全社会组织参与社会事务、维护公共利益、救助困难群众、帮教特殊人群、预防违法犯罪的机制和制度化渠道。

在此背景下，云南省省委、省政府高度重视、高位推动社会组织建设，全力加快推进云南省社会组织登记管理体制改革、完善社会组织培育扶持政策、优化社会组织发展环境，引导成立与云南省经济社会发展密切相关的社会组织，社会组织数量快速增长、质量稳步提升，在经济社会发展中的作用日益凸显，成为推动云南省经济社会发展、促进云南省社会和谐稳定的一支重要力量。

1. 政府社会治理职能取得新突破

2013年8月23日，云南省省委、省政府下发《关于大力培育发展社会组织 加快推进现代社会组织体制建设的意见》（云发〔2013〕12号），针对社会组织提出采取扩大直接登记范围、简政放权、加快政府职能转移、建立财税培育扶持机制、加强监管等措施，并提出政府逐步退出公益慈善募捐市场，除发生重大灾害外，不再参与社会募捐等，这一举措被民政部评为"2013年全国社会组织十件大事"之一。同年9月13日，云南省省政府办公厅印发了《云南省县级以上政府向社会组织购买服务暂行办法》，对政府向社会组织购买服务的基本原则、主体、对象、内容、程序与监督管理等进行了规定。同年 12 月，云南省出台《云南省社会组织登记办法》，对社会组织直接登记的范围、成立登记的条件以及民政部门的管理监督职责、行业主管部门的行业指导职责等内容进行了明确。

引导社会组织健全以章程为核心的独立自主、权责明确、运转协调、制衡有效的法人治理结构。为指导社会组织按照现代社会组织体制要求完善法人治理结构，2014 年云南省民政厅制定下发了《云南省社会团体换届指引》，规范了社会团体换届工作。目前，云南省正在草拟《云南省社会团体内部管理制度示范文本》《云南省基金会换届指引》《云南省民办非企业单位换届指引》和《云南省社会组织行为规范和活动准则》等文件，对社会组织换届、年会、重大学术活动等实行事前报备和规范管理，并进行现场指导和监督。以进一步规范社会组织活动和行为，引导社会组织建立完善以章程为核心的法人治理结构，强化社会组织自律和能力建设，加大指导服务力度，加强社会组织内部民主机制建设。

2015 年 1 月，《云南省人民政府办公厅关于实施云南省人民政府职能转变方案任务分工通知》明确提出："充分发挥行业协会、中介机构等社会组织在承担部分行业管理和协调职能、社会事务管理和服务职能及技术服务等方面的作用"，进一步加快政府职能转移的步伐。

2. 创新社会组织管理体制

①改革登记制度。2012 年 9 月 28 日，云南省第十一届人民代表大会常务委员会第三十四次会议通过了《云南省行业协会

条例》，这是继广东之后出台的第二部取消双重管理体制、由民政部门直接登记、将业务主管改为业务指导的地方性法规。此条例自 2012 年 12 月 1 日起施行。还取消了对"一业一会"的限制，允许行业协会在名称前冠以字号，相同或相似的行业和领域可以按照产品类型、经营方式、经营环节及服务类型成立多个协会，引入竞争机制，优胜劣汰。紧随其后下发了《云南省民政厅关于取消社会团体设立分支（代表）机构审批的通知》，下放基金会、异地商会登记权限，由县级以上民政部门直接登记。2014 年 8 月，云南省民政厅与建设银行云南省分行联合下发了《关于简化社会组织成立验资程序的通知》，取消了提交成立验资报告的环节，简化了社会组织验资程序，降低了社会组织设立成本。

②强化监督管理。一是规范年检。2013 年 4 月，云南省民政厅出台了《云南省社会组织年度检查暂行办法》（云民〔2013〕31 号），完善了年度检查内容和标准，规范了年检程序，提出开展上门年检服务，使社会组织参检率、合格率逐年提高。2014 年，云南省全省应参加年度检查的社会组织有 15958 个，实际参检 15076 个，参检率为 94.5%，合格 14701 个，合格率为 97.5%；省级应参检的社会组织有 1043 个，实际参检 983 个，参检率为 94%，合格 942 个，合格率为 95.8%。二是加大信息公开力度。将社会组织的年检结论分批在"云南民政"网上公告，2014 年进一步加大信息公开力度，将基金会、行业协会、公益慈善类社会团体和民办非企业单位中的学校、医院等共 261 个社会组织的年度工作报告和财务报告在"云南民政"网上公开，使之主动接受社会监督，公开比例达到 1/3。三是开展财务审计抽查。2014 年按照 3% 的比例抽取了 24 个省级社会组织进

行财务审计抽查，加强了社会组织财务管理监督工作，创新了社会组织监管方式，提升了社会组织的公信力和诚信建设水平。四是加强执法监察。对非法组织、社会组织违法行为和长期不能正常开展活动以及两年以上未参加年检的社会组织依法查处，自2010年以来云南省全省开展执法监察400余次，所有处罚实现了无行政诉讼和无行政复议，净化了社会组织发展环境，促进了社会组织健康发展。

3. 明确社会组织培育发展重点

2013年2月召开的党的十八届二中全会要求，重点培育、优先发展行业协会商会类、科技类、公益慈善类、城乡社区服务类社会组织，逐步推进行业协会商会与行政机关脱钩，强化行业自律，使其真正成为提供服务、反映诉求、规范行为的主体，以更好地发挥社会力量在管理社会事务中的作用。2014年2月1日起，根据省政府办公厅下发的《关于建立云南省培育发展社会组织工作联席会议制度的通知》，云南省建立了省委组织部、省委宣传部、省民政厅等26个相关职能部门组成的联席会议制度；2014年10月17日，云南省民政厅、共青团省委联合召开云南省青年社会组织工作推进会，同时于西南林业大学设立云南省社会组织孵化培育基地。昆明市盘龙、西山、官渡三地加大资金投入，建立了区级社会组织培育孵化基地。另外，曲靖、玉溪、保山、普洱、大理、楚雄、丽江等州市党委、政府建立了培育发展社会组织工作联席会议制度，以及制定了政府向社会组织购买服务实施细则、购买服务指导目录、具备承接政府职能转移和购买服务资质认定管理办法、公益捐赠税前扣除资格认定准则等，形成了全省大力培育发展社会组织、加快推进现代社会组织体制建设的良好氛围。

4. 创新社会组织参与救灾等重大社会活动机制

2014 年 8 月 3 日，昭通市鲁甸县发生 6.5 级地震，随后社会力量以各种途径积极参与灾后救援工作。为更好地引导社会组织依法、有序、高效地参与抗震救灾工作，云南省依托云南第三方社会组织评估服务中心建立了"云南社会组织救援服务平台"，先后启动了鲁甸地震、景谷地震、沧源地震和尼泊尔地震应急救援的服务工作。目前，云南省社会组织救援服务平台已形成一项常态化工作机制，并被写入《云南省民政厅救灾应急工作规程》。共青团云南省委鼓励青年社会组织积极参与助残"阳光行动"、关爱农民工子女、大型赛会、应急救援等的志愿服务工作。2014 年，各类青年社会组织在"3·01"暴恐事件、第十六届中国科协年会和第 2 届中国—南亚博览会暨第 22 届昆交会、鲁甸"8·03"地震抗震救灾等的志愿服务工作中发挥了重要的作用。云南省省委、省政府举办的"云南鲁甸地震抗震救灾先进集体和先进个人"评选表彰活动，首次将社会组织纳入表彰范围，极大地激发了社会组织参与救灾等重大社会活动的热情。

5. 深化社会组织评估工作

自 2013 年以来，云南省社会组织评估工作，一直稳步推进。云南省出台《云南省社会组织评估管理办法》，组建"云南省社会组织评估专家人才库"，积极开展社会组织分类综合评估，采取独立第三方方式进行，通过严格的政府采购程序委托云南第三方社会组织评估服务中心具体负责评估委员会的日常工作和评估的组织实施工作。目前，云南省全省除省本级外，16 个州市仅昆明、曲靖、玉溪开展了社会组织评估工作，县级尚未开展社会组织评估工作。截至 2015 年 12 月 30 日，云南省全省共评估了355 个社会组织，其中省本级 203 个、州市级 152 个。

6. 探索政府购买社会组织服务

2013 年 9 月 13 日，云南省省政府办公厅印发了《云南省县级以上政府向社会组织购买服务暂行办法》，对政府向社会组织购买服务的基本原则、主体、对象、内容、程序与监督管理等进行了规定。随后，省财政厅、省委编办、省发改委、省民政厅、省监察厅、省审计厅及时研究制定了《2013 年省级政府购买社会组织服务目录（第一批）》，由省级财政安排财政资金用于购买社会组织服务。

一是中央财政支持项目推动云南省加快向社会组织购买服务的步伐。2012～2015 年，云南省共获批中央财政项目 83 个，总支持资金为 2509 万元，立项数和资金量均居全国前列。中央财政支持项目的实施，为云南省政府购买社会组织服务从申报到监管做了有益探索，加快了政府购买服务工作和扶持培育社会组织工作的步伐，也带动了一系列政策的出台与实施。二是利用省级福彩公益金开展购买社会组织服务工作试点。自 2009 年以来，省民政厅共安排省级福彩公益金 4490 万元，购买了 61 个社会组织的 81 个项目；2015 年起将省级福彩公益金配套中央财政项目列入财政预算。福彩公益金购买社会组织服务的实践有利于探索建立政府购买社会组织服务制度，充分激发了社会组织活力，发挥了社会组织参与社会治理的积极作用。三是出台《云南省县级以上政府向社会组织购买服务暂行办法》，连续 3 年安排政府购买资金和项目。2013 年省级财政安排 2246 万元、2014 年安排 3111 万元、2015 年安排 12204 万元，3 年共安排 17561 万元财政资金用于 133 个政府购买社会组织服务项目，涉及公共教育、医疗卫生、环境资源、交通运输、住房保障、社会福利等领域。

四 当前云南省社会组织发展存在的主要问题

近年来，云南省社会组织发展成效明显，在经济社会诸多领域发挥着积极作用，已成为云南省经济社会发展不可或缺的力量。但是，《关于大力培育发展社会组织　加快推进现代社会组织体制建设的意见》指出：由于思想认识不到位、法规政策不健全、管理体制不完善、扶持力度不够、监管力量薄弱，社会组织还存在数量少、规模小、政社不分、作用不明显等问题。[①]　本文结合云南省社会组织发展实际，以史密斯的政策执行过程理论为视角，具体分析云南省社会组织发展存在的主要问题。

美国学者史密斯（T. B. Smith）于 1973 年在其《政策执行过程》一文中，首次提出了一个分析政策执行因素及其生态关系的理论模型，因而该理论模型又称为"史密斯模型"。史密斯认为，政策执行所涉及的因素很多，但有如下四个主要变量[②]：

政策本身的因素：理想化的政策是合法、合理、可行，并且在不考虑其他干扰因素的情况下可以完美地达到目的的政策方案，包括政策的形式、制约性、实施范围、社会形象等；

执行机构的因素：是指具体负责将政策落实到位，实现政策目标的机关和人员；

政策对象（目标群体）的因素：指政策执行中行为和利益受到调整的个人或群体，确定政策对象必须充分考虑它们的组织和制度化程度，接受领导的情形等；

---

① 《中共云南省委　云南省人民政府关于加快推进现代社会组织体制建设的意见》，民商网，http://www.yn21st.cn/content/5193.html，2015 年 11 月 9 日。

② 宁骚：《公共政策学》（第二版），高等教育出版社，2011，第 344 页。

政策环境的因素：政策在执行过程中必然要受到来自政治的、经济的、文化的、历史的各种外部因素及其各种因素综合作用的影响，这些因素和特点就是政策环境。

图 1 描述了在政策执行过程中这四个主要变量及其相互关联对政策执行效果的影响。

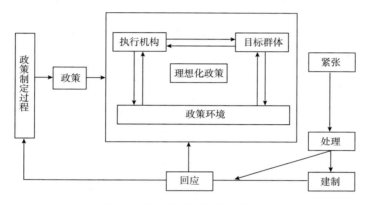

图 1　史密斯政策执行模型

资料来源：Thomas B. Smith，"The Policy Implementation Process," *Policy Sciences* 2（1973）：203 – 205。

史密斯的政策执行模型，不仅强调了执行中理想化的政策，而且强调了执行机构、目标群体和政策环境的影响。事实上，这四个因素是互动的，均应予以重视。因此，有人认为史密斯政策执行模型最大的贡献，就在于提出了上述相关因素之间的互动关系。①

在社会治理视野下，史密斯所提出的理想化政策、执行机构、目标群体、政策环境四者，是云南省社会组织发展所牵涉的重大因素。社会组织的发展过程，就是使这四者从互动的紧张状

① 陈庆云：《公共政策分析》（第二版），北京大学出版社，2011，第170 页。

态走向协调和平缓状态的过程。下面就基于"史密斯模型"着重分析云南省社会组织发展中存在的主要问题。

(一) 社会组织发展政策本身方面的问题

1. 法律法规不健全

法律法规是社会组织的行为准绳和法律保障,可以说没有法律法规的完善就没有社会组织正常开展活动的环境保障。在我国,党和国家对社会组织发展非常重视,从法律和政策层面为社会组织发展开辟了新的道路。但是,还存在一些亟待解决的问题,现行的由国务院颁布的《社会团体登记管理条例》、《民办非企业单位登记管理暂行条例》和《基金会管理条例》中有些规定过于笼统、操作性不强,有些规定已不适应新形势需要,有些规定存有空白点急需填补,有些规定与现实需要情形存在冲突。

例如《民办非企业单位登记管理暂行条例》规定民办非企业单位不得设立分支机构,而现实中有些民办非企业单位在形成服务品牌后,在一定区域内有拓展服务的需求和必要,但若以分支机构的形式活动按现行规定是违法的,若再次进行新服务点登记则会造成行政和运行成本的浪费;又如三个条例均对机构住所地址要求过细,细化到具体点位,当机构在一定行政区域内住所有所变动时,按现行规定是要求它进行变更登记的,从实际情况看这种过细的要求是不必要的,应做出调整。

同时,由于法律规范的不健全,社会组织准入"门槛"高,"双重管理"作用发挥不充分,"双重管理"中的管理缺位或实质难到位现象还比较突出,资金扶持和税收优惠等制度落实困难,社会组织内部管理不规范以及竞争、奖惩和退出等机制不健全问题普遍存在,这些问题阻碍了社会组织的健康发展。

现有的法律法规对社会组织的发展还没有明文规定的要求和政策指导，也没有清晰界定社会组织与政府行政部门之间的义务和责任，导致社会组织在发展过程中随意性较大。

2. 扶持力度不够

一是政府职能转移界限不清。虽然《云南省人民政府办公厅关于政府向社会力量购买服务的实施意见》（云政办发〔2015〕62号）已经出台，但它只是对政府职能转移与社会组织购买服务做了原则性的规定，而没有设定具体的依据与标准，从而导致一些政府部门并没有厘清哪些职能应由政府履行，哪些职能应交由社会组织履行，哪些职能应由政府与社会组织共同履行。大多数地方政府还没有编制政府购买社会组织服务名录，没有将购买服务经费纳入财政预算，致使一些有能力、愿承接政府转移职能的社会组织发展空间受限。一些地方甚至出现只要求社会组织提供服务，却不给予适当报酬的现象，挫伤了社会组织的服务热情。例如，在参评星级的行业协会商会中，对于承担政府转移职能，经验丰富者并不多，究其原因，是政府部门向行业协会商会购买服务缺乏可依据的规范，一些部门向行业协会商会布置任务、索要信息过于随意，未能充分尊重它们的劳动成果和知识产权，客观上也就影响了行业协会商会作用的发挥。

二是资金投入不足。资金扶持是政府扶持培育社会组织的重要手段，西方国家社会组织的资金30%以上来自政府。目前，云南省各级财政均未设立社会组织专项发展资金。因此，云南省社会组织发展面临的现实而又紧迫的问题是资金和资源的匮乏，资金的不足导致社会组织发展速度较慢。

三是税收、用地、贷款、社会保险等方面的优惠政策有待完善。例如，虽然财政部与国家税务总局联合出台了《关于非营利组织企业所得税免税收入问题的通知》和《关于非营利组织免税资格认定管理有关问题的通知》两个文件，但这两个文件并没有对非营利组织的范畴进行明确规定，因而非营利组织的认定迄今为止缺乏具体和可操作性标准，从而使得许多非营利组织并没得到税收优惠。再如，公益捐赠税前扣除资格只适用于公益性社团和基金会，而一些公益性民办非企业单位不具备认定资格，无法领取捐赠票据，从而限制了此类社会组织接受捐赠的机会。另外，非营利组织免税资格认定比例极低，有效期限较短，申请程序烦琐。税收优惠政策本是针对社会组织解决资金问题的一项扶持政策，然而，由于各种原因，税收优惠政策没有真正发挥应有的作用。现实中民办学校、民办非营利性医疗机构与公办学校、公办医疗机构在基础设施建设投入、福利待遇、职称评定等方面，政策待遇差别较大。

3. 行政化倾向严重

受传统思维的影响，在许多地方，政社不分的现象仍然十分明显。云南省全省有约 70% 的社会团体是由党政部门主导成立的，不少社会组织主要负责人由党政部门任命，会员主要由同一系统公职人员组成，不具备社会组织自愿发起的特征。一些社会组织表面上虽非由党政部门主导组建的，但业务主管单位以前置审批、监督指导的名义对其人、财、物等事项进行全面而直接的干预，官方色彩浓厚，以行政权力为靠山，往往成为"二政府"或行政的附属。有的社会组织被业务主管单位当作离退休人员的"俱乐部"，离退休人员以过去的影响，挤占有限的社会资源，向有关部门和现任领导伸手要钱，有的还成为索取过去扶持过的企业老板回报的平台。这些社会组织不具备社会组织的社会性、自愿性、民主性、自治性等特征，难以独立自主发展。此外，为迎合社会组织发展需要，一些地方成立了各种领导协调机构，这些机构虽在某种程度上起到了积极作用，但也引起多头领导的问题。

（二）社会组织发展执行机构方面的问题

1. 党委政府认识不到位

一些地方党委、政府及其工作部门，对新形势下加强社会组织建设的重大意义认识不到位，对政府职能和社会组织功能定位不准，对如何促进社会组织发展研究不够，有的习惯把主管的社会组织视为"二政府"似的行政单位，按行政方式进行管理，指令式、随意性地将本应属于自身承担的行政工作交付给社会组织，增加了社会组织的工作负担，或者对依法属于社会组织的内部事务过多干涉，严重干扰了社会组织的正常秩序和发展；有的对社会组织发展心存疑虑，因噎废食；有的长期忽视对社会组织的培育扶持和监督管理，未能有效履行法定职责；有的出于自身狭隘利益考量对社会组织"嫌贫爱富"，需要提供服务时推诿扯皮，有利益时争相插手；等等。

2. 登记管理机关能力建设亟待加强

2014 年，云南省社会组织总量位列西部省区第二，仅次于四川省。但是，全省共有 44 个专职社会组织登记管理人员编制，其中省级 18 个，州（市）、县（市、区）26 个；16 个州（市）中 11 个设立了民间组织管理科、配备有 1~2 名专职工作人员，玉溪市、普洱市、昭通市、怒江州、迪庆州 5 个州（市）民间组织管理科与社会事务科或基层政权科、区划地名科等合并，无专职工作人员；129 个县（市、区）中仅 2 个区（昆明市五华区、盘龙区）各配备 1 名专职工作人员。州（市）级登记的 2844 个、县（市、区）一级登记的 11688 个（占总数的 74.9%）社会组织长期处于无专职人员管理的状态，这与社会组织体制改革加强监管要求之间的矛盾极为突出。

而且，近年来，登记管理机关职能不断拓展，管理任务繁重。社会组织管理工作在过去的日常管理、年检、执法基础上增加了分类评估、党建、公益捐赠税前扣除、非营利组织免税资格申请、中央财政资助项目申报监管等多项职能，社会组织管理任务日益繁重。云南省各级民政部门未设立专门的社会组织执法机构，也无专职执法人员，执法监察任务难以主动有序开展，存在安全隐患和法律风险。

3. 管理体制不完善，监管力量薄弱

管理体制的不完善必然导致内部结构的不健全和治理的不规范，而组织内外部监管力量的薄弱是管理体制不完善的重要原因之一。社会组织若缺少内外部监督，必然会为了自身利益为所欲为，其结构和管理方式的确定会以自身利益最大化为标准。例如，2014 年各等级民办非企业单位在内部治理指标上的得分均值情况是：5A 和 4A 级单位分别是 327.0 分和 308.1 分，而内部治理指标的满分分值是 375 分（见表 4）。由此可见，这些组织在内部治理方面都有很大的提升空间。

表 4　2014 年各等级民办非企业单位在内部治理指标上的得分

单位：分

指　标	评估等级					满分分值
	1A	2A	3A	4A	5A	
内部治理（均值）	89.6	240.0	298.1	308.1	327.0	375

云南省某慈善基金会系 2011 年 9 月依法成立的公募公益基金会，对形成弘扬中华民族扶贫济困优良传统的公益事业氛围起到了积极的作用。但该组织存在着管理制度不够完善，财务管理不规范，项目信息披露、项目规范性管理不足等问题，其内部治理得分和工作绩效得分分别是 270 分和 212 分，偏低，评估人员对该基金会的评价是希望该基金会认真落实好章程，不断加强规范化、制度化、科学化建设，严格按照国家及相关部门对于公募基金会的要求和规定加强内部治理，理顺健全工作制度和机制。

行业自律是参评行业协会商会普遍开展业务活动的必要条件，然而已制定的规定或规范在质量和执行效果上都有待提升。具体表现为：部分参评行业协会商会制定的规定或行规行约与国家法律法规以及相应的质量规范、服务标准衔接不够，内部有效性较差；有的行规行约中缺乏具体有效的处罚措施，操作性不强；个别行规行约没有经过会员（代表）大会审议，在制定程序上不具有合法性，会员认可度不高；也有部分参评行业协会商会的行规行约影响力较差，没有通过网络等媒体向社会公开，很难起到维护公平竞争市场秩序的作用。

（三）社会组织发展目标群体方面的问题

1. 社会组织布局不尽合理

2014 年，全省社会组织中，社会团体占 68.9%，民办非企业单位占 30.8%，基金会占 0.3%。地区发展不平衡，从州市看，昆明市最多，有 3709 个；怒江州最少，有 250 个；从县级地区比较，最多的五华区有 576 个，最少的红河县只有 20 个。

具体来看，一是社会团体主要集中在传统领域和传统产业，并且很大部分是由原来挂靠在政府部门的行业协会演变过来的，而新兴产业、现代服务业、社会管理等领域的社会组织相对较少，分布不均。随着国家经济社会的发展、互联网时代的到来，新的经济业态层出不穷，人们的生产生活方式也发生了巨大的变化，新的经济分类和交叉学科、边缘学科的大量增加，社会团体难以跟上时代前进的步伐。二是民办非企业单位发展结构不均衡。主要体现在两个方面，首先，地区分布极不均衡。2011 年，全省 3805 家民办非企业单位中，在昆明市登记注册的民办非企业单位占 47.67%，约为其余 15 个州市的总和；民办非企业单位最多的五华区有 507 个，双江等 7 县仍然为零。其次，涉及领域广泛但发展不平衡。民办非企业单位中教育类居多，占59.2%；与城乡居民日常生活联系最为紧密的也是社会最需要发展的医疗卫生和社会服务类民办非企业单位只有 303 家，仅占6.4%；社会调查与研究、环境保护、心理咨询、社会工作等领域还是一片空白。三是基金会依然集中在教育、扶贫、灾害救济等领域，立足于社会发展和个人全面发展的基金会不多。

2. 社会组织独立性不强

很多社会组织在发展过程中，与政府行政部门有着千丝万缕的联系。一方面，这样可以使社会组织从政府部门获得发展资金和资源，但另一方面，对行政部门的依赖，往往束缚和限制了社会组织自身的发展和壮大。在对云南省某学会的评估中，其基础条件、内部治理和社会评价方面扣分均较少，唯有工作绩效扣分相对较多，使得它综合排名居中。该学会能按章程依法行为，内部管理制度比较规范，同时比较注重学术交流和研究，其学术研究在行业内具有一定影响力，但同时存在过分依赖挂靠单位，财务制度不明确、固定资产不明确的问题，内部结构治理效果不佳、常务副理事数量过多。

目前，云南省基金会中公募基金会和非公募基金会各占一半，大多数公募基金会由政府主导成立，与政府关系密切，具有官办色彩。在体制管理上，它们是政府职能部门的延伸，具有不同程度的官方特征。业务主管单位将其视为下属的二级机构，把它作为安置人员的场所。而非公募基金会资金规模小，有影响的不多，有的基金会成立的目的不明确，甚至有的非公募基金会成立了很久，还认为自己是在民政部门登记的用于融资的工具，等同于金融市场的基金。例如，昆明市某基金会系 2003 年 2 月依法成立的公募基金会，以秉承发扬中华民族传统美德，倡导见义勇为，弘扬社会正气，营造平安、稳定、和谐的政治、治安和社会环境为宗旨，起到了为政府拾遗补阙的功能和作用，受到了各行各界及社会的赞誉和充分肯定。但是在发展过程中，由于在结构设置、资金来源和介绍宣传上与政府联系过为紧密，民间性、社会性和作为法人的独立性不够，无法实现正常的成长和发展。

3. 社会组织能力较弱

从总体运作情况看，目前社会团体的市场化运作机制尚未确立，履行职能的能力低下，正常运作、维持运作和难以运作的社会团体大体各占 1/3，有的社会团体或作为政府的附属机构，或作为老同志的"养老"场所，乃至"收费"招牌；有的治理结构不完善，不按章程办事，违规现象时有发生。协会、学会普遍存在人员年龄老化、兼职人员偏多、专业人才缺乏等问题，自我造血功能和服务功能不强，行业的凝聚力、向心力以及社会的影响力、公信力不强。

民办非企业单位发展质量不高、规模一般较小，平均每家民办非企业单位的从业人员数约为 29.23 人。财务状况也并不宽松，大多数处于勉强维持状态，抗风险能力较差，仅 2010 年，全省就有 175 家民办非企业单位撤销登记。同时，民办非企业单位自身建设仍需改进，还存在规章制度不完善、组织机构不健全、财务制度不完善、缺乏持续性的工作精神和服务意识、长期不开展活动、遵纪守法意识不强等问题。例如，大部分民办非企业单位还没有建立健全人员聘用制度，缺乏对专职人员的教育培训、资格评价和社会保障等机制，缺乏具有专业技能的工作人员。另外，资金来源匮乏，大部分民办非企业单位资金筹措渠道单一，资金短缺问题严重，难以获得政府的资金支持，主要依靠个人投资、少量的社会捐助和很低的服务收费维持发展。

专业化已经成为越来越多社会组织发展所面临的关键问题。然而目前，社会组织专职工作人员大部分为退休人员或刚毕业的大学生。退休人员将其作为发挥余热的地方，大学生则将其作为进入社会其他行业的跳板和临时过渡的工作场所。由于收入低、社会福利及保障难以落实，社会组织人员流动性大、专业化水平较低，极大地限制了社会组织自身的发展。2014 年，平均每家基金会拥有专职人员 2.79 名；全省共拥有专业助理社会工作师和社会工作师职称的人员 15 人，专业化人才的"供求不平衡"显然已成为基金会快速发展的重大瓶颈。云南省基金会把募捐主要集中在企业，而忽视了个人和其他组织的捐赠，募捐范围局限导致筹集资金效果不好。

4. 社会组织内部结构不完善，治理不规范

很多社会组织由于内部结构方面的不完善以及治理的不规范而总评价偏低。例如，云南省某科学学会基础条件方面（满分 85 分）得分 85 分、无扣分，内部治理方面（满分 390 分）得分 348 分、扣 42 分；云南省某管理学会基础条件方面（满分 85 分）得分 70 分、扣 15 分，内部治理方面（满分 390 分）得分 303 分、扣 87 分；云南省某研究会基础条件方面（满分 85 分）

得分 84 分，扣 1 分，内部治理方面（满分 390 分）得分 229 分，扣 161 分。

民办非企业单位的评估指标主要涉及理事会、监督机构、办事机构、党组织等。从民办非企业单位的评估情况来看，问题主要集中在理事会方面，尤其是理事成员的来源。按照《民办非企业单位（法人）章程示范文本》的规定，理事会是民办非企业单位的决策机构，理事由举办者（包括出资者）、职工代表（由全体职工推举产生）及有关单位（或业务主和单位）推选产生。"职工代表担任理事情况""与本单位无利益关系人士担任理事情况"反映了职工代表和有关单位推选理事的情况。然而，从 2014 年参评的民办非企业单位的评估得分看，有的无"职工代表担任理事情况"，无"与本单位无利益关系人士担任理事情况"，这些表明这些单位理事产生来源不符合有关规定。这种情形对它们获取支持、科学民主决策、激发自身活力具有负面影响。

参评行业协会商会都建立了以章程为核心的法人治理结构，按照规定召开会员代表大会、理事会、常务理事会，较好地建立了民主决策机制，大多数行业协会商会的重大事项决策采取投票的方式。然而在很多参评行业协会商会中，理事、常务理事的产生存在一些问题，如常务理事人数超过理事人数的 1/3，不能够提供理事会或常务理事会会议纪要或在理事会上选举产生理事；部分参评行业协会商会的工作人员待遇仍然不能得到保障，不能按规定缴纳五险一金；部分参评行业协会商会在财务管理方面较为薄弱，分支（代表）机构的财务管理问题相对更多，如未配备具有资格的专职财务人员，执行《民间非营利组织会计制度》不规范，会计基础工作需要做扎实。

通过分析表5可发现，对于获评3A的社会组织而言，其内部治理、工作绩效是四类指标中的短板，5A等级的社会组织发展则较为均衡。此外，若将比较的对象从指标转换成等级评定的要求，可发现等级较低的社会组织的评估结果更多地依赖基础条件这一个基础性的指标，而在工作绩效和内部治理这两类发展性指标上的得分往往不能达到相应的等级标准。

表5　2014年各等级行业协会商会评估总得分

项　　目		基础条件	内部治理	工作绩效	社会评价
指标权重（％）		8.0	41.5	36.5	14.0
总体得分均值（分）		78.0	328.5	299.4	98.6
评估等级 （均值，分）	1A	0	0	0	0
	2A	0	0	0	0
	3A	76.0	305.7	271.0	89.6
	4A	79.6	342.0	326.3	102.6
	5A	80.0	386.6	332.3	125.3

5. 社会组织思想认识不到位，发展方向不清晰

一些社会组织主动作为、赢得地位的进取精神不足，"等、靠、要"思想严重；有的对依法规范运作认识不足，忽视制度建设，规范差、水平低、能力弱；有的习惯了在主管部门的大树下乘凉，自主意识淡化、行政依附性强。

思想认识达不到一定高度，就很难对工作布局形成一定的统筹规划，社会组织管理者没有形成针对该组织的长期规划，组织的发展方向也就不清晰。只有准确把握组织内外部的优势和劣势，扬长避短，并把发展问题和发展方向提升到组织的战略高度上来，才能使社会组织日臻完善。例如，云南省某基金会是1992年依法成立的公募基金会，捐赠基金达4000余万

元，为各项工作开展提供了较好的基础。但该基金会团队成员对公募基金的定位、使命、权利和资源可贵性等的认识不到位，只是为了办事而办事，整个组织缺乏一个清晰的长期发展规划。因此，对该组织的评价中，工作绩效得分和内部治理得分（见表6）分别是313分和308分，而总分则是768分（满分是1000分）。

表6　云南省某基金会评估得分

单位：分

建议等级	总分	基础条件得分	内部治理得分	工作绩效得分	社会评价得分
3A	768	87	308	313	60

部分参评行业协会商会服务内容单一，个别仍局限于组织展览会、信息交流、人才培训等基本工作，对引领会员开拓市场、维护行业利益或是处理贸易摩擦等问题关注不够，同时相应的能力也不具备。行业协会商会的组织宗旨本应是"服务会员、服务行业"，服务意识的提高要求各行业协会商会能够增强与会员企业的沟通，倾听它们的意见和建议，同时自身也应主动调查研究行业的环境、需求和发展方向，相关基础工作的扎实完成，是提高服务质量的关键步骤。

（四）社会组织发展政策环境方面的问题

1. 社会认同度不高

云南省社会组织发展基础薄弱、发育程度不高，未得到社会各界应有的关注和支持。①许多群众对社会组织认识不全面，认为作为"非政府"的社会组织不如党委政府可靠，参与和支持热情不高。②近年来，媒体对公益组织的一些负面报道引起社会的持续关注，引发了社会公众对整个公益慈善事业公益性的质疑和批评，社会组织特别是从事公益慈善事业的基金会陷入空前的信任危机。有的群众受诸如"郭美美事件"等负面因素影响，对社会组织信任度不高、认同感不强，甚至持排斥态度。③有的群众对参与社会组织的方式、渠道了解不多，狭隘理解社会组织资源需求，公众参与效果不明显。

2. 社会评价较低

社会组织未能充分利用自身的资源优势扩大业绩、造福社会，导致社会评价较低。例如，在2014年对各等级民办非企业单位的评估中，在社会评价指标上只有5A级单位获得满分85分，3A和4A级单位得分不足80分（具体情况见表7）。根据评估材料，参评的民办非企业单位在内部评价和外部评价方面均表现较好，但是在获得有关部门的表彰奖励方面表现欠佳，这可能与日常工作、宣传意识以及发展理念方面的偏差等有关。

表7 2014年各等级民办非企业单位在社会评价指标上的得分

单位：分

指 标	评估等级					满分分值
	1A	2A	3A	4A	5A	
社会评价（均值）	22.0	67.9	72.7	79.6	85.0	85

民办非企业单位的服务对象主要是政府和社会，根据有关评估资料，参评民办非企业单位在服务政府和服务社会各项指标上的得分均较低，说明它们服务政府与社会的能力亟待提高。参评民办非企业单位在信息公开方面总体表现较好，能够自觉接受社会监督，不过，有些民办非企业单位在财务状况报告上的得分较

低，有的民办非企业单位在年度工作报告上的得分较低。财务状况报告和年度工作报告是云南省民政厅要求民办非企业单位按照相关政策规定，在指定的网站或媒体上公布并接受社会查询和监督的重要内容。

3. 筹资渠道不畅

云南省基金会把募捐主要指向企业，而忽视了个人和其他组织的捐赠，募捐范围局限导致筹集资金效果不好，基金会增值保值能力不强。云南省大部分基金会一直以来以银行储蓄、股票、债券、银行存款与债券的组合等方式管理自己资金，但效果不好，状况堪忧，普遍存在资金萎缩的现象。基金会难以保值增值，工作经费严重不足，难以吸引优秀人才。例如，云南省某保护基金会是 2010 年 5 月依法成立的公募基金会，原始资金为 400 万元，基金会资金总额为 3930 万元。2011 ～ 2012 年捐赠收入为 630 万元，捐赠支出为 250 万元，开展了重点地区生物多样性保护基础资料库的建设工作；投入资金 285 万元，开展了云南电视台"地球之声大型公益晚会""金沙江中游流域生态环境监测建设"等项目，为云南省生物多样性保护及生态文明建设做出了一定的贡献。但是该基金会在发展过程中由于未得到社会各界应有的重视和支持，收入和支出严重失衡，投资收益太低。

五 社会治理进程中云南省社会组织发展面临的挑战与要求

学者杨雪冬在他于 2004 年发表的《全球风险社会呼唤复合治理》一文中指出："国家、市场和公民社会已经发展成为现代社会公共治理的基本机制"，任何单个治理机制都无法应对全球化时代的风险，因而必须谋求各个治理主体之间的合作互补，走复合治理之路。① 其核心思想体现在小政府善政、大市场自由化、公民社会良好运行以及政府、市场、公民社会三者和谐关系的实现四个方面。②"治理"是党的十八届三中全会提出的具有里程碑意义的核心理念，其着力点是激发社会活力，出发点是促进社会参与，落脚点是改善和保障民生。对于社会治理这一新型治理模式，中央的顶层设计已经出来，这使云南省社会组织发展面临巨大的挑战与要求。

（一）对云南省各级政府角色定位的挑战与要求

《中共中央关于全面深化改革若干重大问题的决定》明确指出，要激发社会组织活力，正确处理政府和社会关系，加快政社分开，推进社会组织明确责权、依法自治、发挥作用。这一要求，意味着对于社会建设，政府不再一家独揽，包办一切，而是要调动社会各方积极性，共同参与，大家共同想方设法解决问题。在社会治理中，政府不再只是治理的主体，也是被治理的对象；社会不再只是被治理的对象，也是治理的主体。③ 这就要明确各级政府在社会治理视野下的角色定位。

首先，政府要做好公共服务的提供者。公共服务的提供者角色要求政府尽量减少对市场、对社会的不必要干预，把为社会组织的发展提供基础设施支持、为公共事业的发展和经济社会的发展创造发展条件、提供制度保障等作为自身角色定位的着眼点和着力点。其次，政府要做好多元主体的协调者。社会治理视野下

---

① 杨雪冬：《全球风险社会呼唤复合治理》，《文汇报》2005 年 1 月 10 日。
② 范巧、郭爱君：《从"复合行政"到"复合治理"——区域经济一体化与行政区经济矛盾解决的新视角》，《南方经济》2009 年第 6 期，第 64 页。
③ 冯必扬：《从管理到治理：当代中国社会建设理念的升华》，《群众》2014 年第 10 期，第 15 页。

的行政理念是一种淡化政府主导的多元治理理念。政府要通过放权于市场、放权于企业，更好地促进市场在资源配置中起决定性作用和更好地发挥自身作用。政府角色定位要将政府与社会组织的职能进行清晰划分，进一步完善政府与社会组织之间的互动关系，进而激发全社会的创造活力。同时，通过明确划分各级政府之间的关系和规范授权，缩短政府与社会之间的距离，为企业主体、公民主体的行政参与创造条件，促进公共服务的有效性和多样性。最后，政府要做好社会组织发展的引领者。社会组织的发展需要一个宽松、稳定、公平的"大众创业、万众创新"的政府治理环境。这就要求"通过全面深化改革，破除一切束缚创新的桎梏，让一切想创新能创新的人有机会、有舞台，让各类主体的创造潜能充分激发、释放出来，形成大众创业、万众创新的生动局面"①。

（二）对云南省各级政府职能范围的挑战与要求

社会治理需要运用法治思维，依法界定政府的职能范围，并对政府行使权力进行有效约束，真正"将政府的权力关进制度的笼子"。党的十八届四中全会大力推进"依法治国"方略，通过法律制度设定政府的权限范围。以深化行政审批制度改革为核心进行合理分权，推进政企分开、政社分开、政资分开、政事分开。其中，以分权共治为导向推进政社分开，就是要还权于民，调整政府与社会之间的关系，完善社会这只"自治之手"，把政府不该管、管不了、管不好的职能转移给各种社会组织来承担，推进基层社会自治建设和充分培育社会组织。这就要求在各级政

---

① 李克强：《让各类主体创造潜能充分激发释放出来形成大众创业万众创新生动局面》，《中国科技产业》2015 年第 1 期，第 10～11 页。

府职能界定上采用"负面清单"管理模式。"负面清单"管理模式是指"国务院以清单方式明确列出在我国境内禁止和限制投资经营的行业、领域、业务等,各级政府依法采取相应管理措施的一系列制度安排。负面清单以外的行业、领域、业务等,各类市场主体皆可依法平等进入"①。这将倒逼政府管理边界的后移和职能方式的转换。如此,政府职能转移为社会组织留出了广阔的生存、发展空间。

党的十八大和十八届二中、三中、四中全会对全面深化改革、加快转变政府职能做出了部署,提出了要求。目前,从中央到地方,行政审批制度改革正在向前推进,各地正全面清理中央指定实施的行政审批事项,公布清单、锁定底数,2015 年取消200 项以上行政审批事项。全面清理和取消国务院部门非行政许可审批事项,不再保留"非行政许可审批"这一审批类别。继续取消和下放国务院部门行政审批事项,进一步提高简政放权的含金量。② 2015 年底前完成了协会商会类社会组织与原有挂靠单位的真正脱钩。国家通过这些制度创新与制度建设,创造有利于社会发展的政策环境与制度空间。这一改革将为一批新的社会组织的诞生以及已有社会组织拓展新的活动空间营造宽松的行政环境。而"双重管理体制"的解体,为社会组织的成长与发育带来了新契机。为依法推进社会组织直接登记改革,民政部已完成《社会团体登记管理条例》的修订工作,并上报国务院通过;并且还出台了《基金会管理条例》《民办非企业单位登记管理暂行

---

① 冯蕾:《我国将实行市场准入负面清单制度》,《光明日报》2015 年 9 月 22 日,第 8 版。
② 《国务院:继续取消和下放行政审批事项》,凤凰网,http://finance.ifeng.com/a/20150515/13709208_ 0. shtml,2015 年 5 月 15 日。

条例》的征求意见稿。

（三） 对云南省各级政府行政方式的挑战与要求

随着以"互联网社会"为代表的行政生态环境的变化，社会治理迫切呼唤人性化、民主化、参与化的行政管理方式。因此，地方政府的行政方式要实现三个转变。首先，从管制型向服务型转变。要改变传统的政府管理方式以权力为中心的管理理念，强化为公众服务、为公益行政、为人民执政的思想意识和行为方式。其次，从单向型向交互型转变。要避免单一的行政命令模式，注重在政社关系平等互动的基础上发挥政府主导作用，充分保障社会组织参与行政管理的机会，形成政社之间协调沟通、交互影响的良性机制。再次，从强制型向合作型转变。传统的政府管理模式容易使政社关系陷入僵化或对立状态，而社会治理则要求政社之间认同公共利益最大化的原则底线，从政府管理导向政府、企业和公众利益的合作与共赢。因此，政府行政方式更加注重引导、协调和回应。

（四） 对云南省社会组织服务能力的挑战与要求

治理强调公民对公共事务管理的有序参与，而这是有明确的宪法法律依据的。《中华人民共和国宪法》第2条规定："中华人民共和国的一切权力属于人民……人民依照法律规定，通过各种途径和形式，管理国家事务，管理经济和文化事业，管理社会事务。"《中华人民共和国立法法》《中华人民共和国行政许可法》《中华人民共和国政府信息公开条例》等多部法律都对公众参与公共事务做出了规定，这是制度层面对民主参与的回应。这说明，公众参与是人民主权的重要实现形式和民主政治的重要标志，也是社会主义民主得以实现的重要机制。社会治理中的公众参与是宪法规定的人民主权原则的必然延伸，彰显了人民作为主权享有者的地位，为加强公众参与社会治理奠定了更加坚实的政治基础。《中共中央关于全面深化改革若干重大问题的决定》要求"凡属事务性管理服务，原则上都要引入竞争机制，通过合同、委托等方式向社会购买"，提出"推进有条件的事业单位转为企业或社会组织""适合由社会组织提供的公共服务和解决的事项，交由社会组织承担""限期实现行业协会商会与行政机关真正脱钩"。这些与转变职能、下放权力的行政体制改革重点相呼应，明确了社会组织在承接政府转移职能、参与社会事务管理、提供公共服务中的优势地位。

社会组织是政府转移职能的重要承担者，完全可以承担政府部门管理不好或无法管理的社会事务。但是在我国，由于以往缺少这方面的经验，在培育发展社会组织方面出现了一些问题。除社会组织的"官办性"之外，还有两个较为突出的问题：一是社会组织自身素质不高，二是服务不规范。就前者而言，相当数量的社会组织，缺乏基本的业务骨干和专门人才，有的甚至靠临时招募来的人员从事服务活动。人才匮乏势必影响到服务的质量。就后者来说，许多社会组织缺乏严格的服务规范和自律意识，把提供服务作为变相收费的途径。有的会计事务所，不是以客观、公正的立场开展活动，而是只要给钱，就可通融甚至帮助企业做假账，完全失去了客观、公正的标准，出现了严重的服务行为紊乱，败坏了社会组织的名声。良好规范的社会组织服务，有必要从根本抓起，抓好社会组织的自我管理能力和社会服务能力。因此，社会组织要练内功、强活力，提升自我发展后劲。

六　其他省份社会组织发展经验借鉴

为了使各地各级社会组织登记管理机关及各社会组织及时

掌握我国社会组织发展的新动向、新经验，自 2014 年 6 月起，民政部开设了"全国社会组织舆情月报"栏目。该栏目依托党和政府对社会组织发展情况的高度重视而创办，主要对全国有关社会组织的各类舆情进行系统梳理和全面总结分析。① 本文根据中国社会组织舆情信息监测平台的数据，将 2014 年 6 月 ~ 2016 年 3 月全国社会组织舆情信息数量贡献前五的省份做了梳理（具体结果见表 8），力图为云南省社会组织发展提供经验借鉴。

表 8　全国社会组织舆情信息数量贡献前五省份统计

（2014 年 6 月 ~2016 年 3 月）

时间　　信息贡献排名	第一名	第二名	第三名	第四名	第五名
2014 年 6 月	广东	山西	四川	江苏	上海
2014 年 7 月	广东	江苏	上海	安徽	浙江
2014 年 8 月	广东	山东	安徽	北京	上海
2014 年 9 月	广东	江苏	四川	浙江	江西
2014 年 10 月	广东	四川	安徽	江苏	陕西
2014 年 11 月	广东	江苏	山东	四川	甘肃
2014 年 12 月	广东	浙江	山东	河南	四川
2015 年 1 月	广东	浙江	陕西	四川	山东
2015 年 2 月	广东	山东	浙江	四川	江苏
2015 年 3 月	广东	江苏	山东	辽宁	浙江
2015 年 4 月	广东	江苏	浙江	四川	安徽
2015 年 5 月	广东	山东	四川	浙江	江苏
2015 年 6 月	广东	四川	湖南	江苏	天津

---

① 民政部民间组织管理局信息宣传处：《全国社会组织舆情月报》，《舆情月报》2014 年 6 月，第 61 ~ 63 页。

续表

信息贡献排名 时间	第一名	第二名	第三名	第四名	第五名
2015 年 7 月	广东	浙江	江苏	北京	福建
2015 年 8 月	广东	山东	浙江	安徽	江苏
2015 年 9 月	广东	四川	山东	浙江	湖南
2015 年 10 月	广东	江苏	浙江	北京	四川
2015 年 11 月	广东	江苏	浙江	山东	湖南
2015 年 12 月	广东	浙江	安徽	江苏	四川
2016 年 1 月	广东	安徽	江苏	山东	四川
2016 年 2 月	江苏	四川	天津	广东	黑龙江
2016 年 3 月	广东	江苏	湖南	山东	安徽

资料来源：2014 年 6 月～2016 年 3 月全国社会组织舆情月度报告。

表 8 数据显示，广东省社会组织舆情信息总量绝大部分时间居于首位，贡献量紧随其后的是江苏省和浙江省。基于此，本文重点选取广东、江苏、浙江三个省份作为对象展开个案研究。

（一）广东省社会组织发展的主要做法及经验

1. 广东省社会组织发展的主要做法

（1）探索枢纽型社会组织建设

2006 年，广东省率先在全国取消了行业协会业务主管单位，实行"五自四无"① 的行业协会管理办法，社会组织的双重管理体制被打破。2008 年，广东省又将异地商会、公益服务类社会组织和部分经济类社会组织的业务主管单位改为业务指导单位，

---

① 指"自愿发起、自选会长、自筹经费、自聘人员、自主会务"以及"无行政级别、无行政事业编制、无行政业务主管部门、无现职国家机关工作人员兼职"。

进一步扩大了社会组织管理改革的范围。广东省省委、省政府于 2011 年出台《关于加强社会建设的决定》，成立了广东省社会工作委员会，制定了加强社会建设的 7 个配套文件（并称为"1 + 7"文件），提出"构建枢纽型社会组织工作体系，强化工青妇等群团组织的社会服务功能"。2012 年 7 月 1 日起全面实施社会组织直接登记制度。广东省对枢纽型社会组织的认定较为慎重，于 2013 年 5 月就《广东省省级枢纽型社会组织认定办法》向社会公开征求意见。

其中，广州市在 2014 年 5 月认定本市首批 16 家枢纽型社会组织。在认定过程中，成立了由市社工委、市编办、市总工会、市妇联等政府部门和社会团体相关人员组成的评审组委会，评选条件十分严格具体，评选过程也十分严密，由发布公告、自主申报、联名推荐、资格审核、专家推荐、综合评审、社会公示、公布确认等构成。中山市于 2014 年 6 月认定了第一批 7 个枢纽型社会组织。中山市的认定方式更为科学，采用了第三方机构，由其组织专家对申报单位进行评审，评审过程中除根据申报材料进行初审外，还要求申报者当面陈述，专家提问，最后通过对申报单位进行实地核查后方确定。广东在枢纽型社会组织建设上步子迈得较稳，形成了自己的特色。

（2）推进社区、社会组织、社会工作专业人才"三社联动"

广东省民政厅在于惠州召开的全省社区社会工作暨"三社联动"推进会上透露，到 2020 年，广东省每个城市社区有 10 个以上、每个农村社区有 5 个以上社区社会组织，有专职、兼职专业社工或民办社工机构从事社会服务活动。推进社区、社会组织、社会工作专业人才"三社联动"，做好社区社会工作，对创新社会治理、做好群众工作具有重要意义。近年来，广东省各地推动基层政府行政职能归位、服务职能下移，加强社区服务平台建设，为"三社联动"创造了良好环境。

广东省将社会组织党建工作作为重点工作，大力健全以社区党组织为核心、以社区自治组织为主导、以社区居民为主体、社会组织和驻区单位共同参与的社区治理体制机制，充分发挥多元主体在社区治理中的协同协作、互动互补、相辅相成作用。积极向社会组织开放社区资源，为其开展服务提供便利条件，引导和支持它们以社区为平台，以公益性为宗旨，为社区居民提供专业化、人性化的服务。粤东西北地区推动星光老年之家、居家养老示范服务中心、老年人日间照料中心、慈善超市等专项服务设施交由社会组织运营，并引导社会组织以服务设施为依托，逐步拓展服务范围，面向社区居民开展专业服务。珠三角地区进一步整合现有社区服务设施资源，或通过新建、置换、租赁等方式，建立和完善覆盖全体居民、功能完善、便民利民的社区综合服务设施，并委托以社工专业人才为主体的社会组织运营。此外，2015 年 10 月，广州市正式实施《广州市社会组织信息公示办法》和《广州市社会组织抽查监督办法》，违规社会组织将被列入异常名录；珠海市试行社会组织信用信息管理实施细则，信用不良的社会组织将不能获得专项资金支持。

2. 广东省社会组织发展的主要成效

（1）社会组织登记管理体制改革取得成效

2005 年 12 月 2 日，《广东省行业协会条例》获广东省人大常委会审议通过。自《广东省行业协会条例》颁布，广东省经济领域的社会组织有了长足发展。广东省民政厅人员给《中国新闻周刊》列举了一组数据："这几年，广东登记的社会组织数量年均增长 10% 以上，其中非公募基金会和异地商会年均增长率分别为 20% 和 25%。"只要一对比就能知道这组数字的意义。全国范围的数字是，社会组织登记数每年的净增长率一直维持在 2%～3%，在 20 世纪 90 年代末的几年还出现过负值。社会组织的发展使得行政体制改革与政府职能转移有了可能。到 2008 年 9 月，广东省出台《关于发展和规范我省社会组织的意见》，明确要求政府各部门将社会组织能够承担的三大类 17 项职能转移出去。

但广东省并未止步于此。2011 年 7 月，《关于加强社会建设的决定》颁布，此时，广东省要做的已经不仅仅是促进行业协会的发展。2011 年下半年，广东省在大部制改革大量裁撤部门之后，在省市县三级自上而下建立社工委，专司社会建设工作。一份报给省委、省政府的文件《关于以行业协会商会为突破口深化社会组织体制改革的建议》提出"清除行业协会商会体制中的计划经济印记"、"建立与市场经济相适应的行业协会商会治理机制"以及"构建与市场经济相适应的社会治理结构"。而行业协会商会体制中计划经济的印记主要是行政化和垄断化。在社会治理结构中，这些举措有助于扩大社会组织体制改革的范围，激活社会的自组织功能，并把社会组织打造成为新的社会治理主体。

（2）枢纽型社会组织建设取得成效

构建枢纽型社会组织工作体系是深化社会体制改革的重点任务之一，也是创新群众工作的新举措。广东省既发挥政府的主导作用，又强调激发社会的自主性，因而在枢纽型社会组织建设中将政府和社会结合起来，引入了适度的竞争，在枢纽型社会组织的认定标准和认定程序上较为科学严谨，引入了第三方评审，认定的枢纽型社会组织具有一定的公信力，正在形成既有竞争又有合作的社会组织服务管理体系。对当前我国社会组织的双重管理模式进行了创新性的探索，分别在增量、存量和自主性上促进了社会组织的快速发展。

深圳市的直接登记模式使社会组织在数量上迅速增加，2010年12月底的总量比2000年12月底增长324.6%，实现了"量的增长"。中山市的该项工作也取得相应成效，比如注重扶持工青妇、工商联等人民团体指导成立的社会组织，强化人民团体对同类别社会组织的引导和服务，促进人民团体工作的转变，去行政化成为其转型方向。同时，中山市注重促进体制内外组织的共同成长，比如关注草根成长起来的枢纽型社会组织，支持两类社会组织在合作中建立伙伴关系，共同成长。另外，中山市加强完善市镇村三级的枢纽体系，即在启动市级枢纽型社会组织认定工作的同时，将两个镇区商会纳入培育计划，接下来还将探索开展社区一级枢纽型社会组织培育工作。

（3）推进"三社联动"取得成效

近年来，广东省开展了社区（村）组织牌子过多过滥问题专项治理工作，基层政府及其职能部门下设的机构一律清理出社区，平均每个社区（村）清理牌子20块。珠三角地区各地普遍将社区服务纳入政府向社会组织购买服务目录，并逐步扩大政府购买社区服务的规模和范围。社区社会服务覆盖家庭服务、长者服务、青少年服务、社区矫正、医务社会工作、残障康复、农村留守人员服务、异地务工人员服务等多个领域。

2013年以来，广东省民政厅每年安排1000万元资助欠发达地区发展社会工作事业。广州、深圳、佛山、东莞、中山等地整合各类社区服务设施，大力推动街道（社区）家庭综合服务中心建设。目前，全省已建成街道（社区）家庭综合服务中心1100 个以上，全省登记和备案的基层社会组织超过 2.7 万个。扎根社区服务的民办社工服务机构超过 350 家，全省共有社区社会工作岗位近万个。按照目标，到 2017 年底，珠三角地区绝大多数城市社区基本建立"三社联动"机制，每个社区都有一定数量的社区社会组织，有专职、兼职专业社工或民办社工机构覆盖社区开展专业服务；粤东西北地区在城乡各选择一批社区开展"三社联动"试点，带动社区、社会组织、社工协调发展。到2020 年，全省基本实现"三社联动"机制全覆盖，绝大部分城市社区和多数农村社区形成及时回应居民需求的社区服务体系。

（二）江苏省社会组织孵化基地建设启示

1. 基本概况

据江苏省民政厅社会组织管理局发布的最新统计数据，截至2015 年 5 月，江苏省注册登记的社会组织数达 71571 个，登记总量居全国第一位。这是江苏省降低四类组织登记门槛后，迎来的新一波社会组织发展热潮，也拉开了政社分开、政府购买服务的社会治理改革大幕。在 2014 年江苏省为四类社会组织登记"松绑"后，一年就增加社会组织 14567 个，年增长率达 26%。2015 年，江苏省率先力推"政社脱钩"，推进社会组织特别是行业协会商会在机构、人员、财务等方面与行政机关脱钩；严格限制党政机关领导干部担任社会组织负责人；并逐步推行网上年检，要求抽查审计中活动不正常、运作能力弱、社会认可度低的社会组织有序退出。在社会组织数量激增的同时，江苏省还力图增强其"造血"功能。截至 2015 年底，90% 的县（市、区）建立了社会组织孵化基地，民政部门还将制定向社会组织购买服务事项目录，带头向社会组织购买服务。2016 年还将建立公益性社会组织捐赠税前扣除资格认定制度，规范其财务行为。

2. 社会组织孵化基地建设——以扬州市邗江区为例

为进一步促进社会组织健康有序发展，江苏省扬州市邗江区民政局积极探索"社会组织孵化基地"建设，选择邗上街道作为试点，成立了社区社会组织服务中心孵化基地。通过"孵化"的形式和规范的运作，帮助一些未达到登记条件的社会组织解决工作场地、基本办公设施、规范化建设服务、能力提升培训以及参与社会建设等问题，促使它们发展壮大，更好地参与到社会管理和建设中去。该民政局对做好社区社会组织孵化基地建设工作高度重视，采取有效措施，全力支持，确保社区社会组织培育发展工作的顺利进行。不仅成立了工作领导小组，将社区社会组织服务中心孵化基地建设工作列入重要的议事日程；还适时定期召开专题会议，研究确定孵化基地建设的重要问题，确定服务中心的场所、人员。分管局长亲自带领民间组织科、邗上街道民政办负责人先后去广东、无锡等地学习考察这些地区社区社会组织创新管理情况，吸收它们的成功经验，并结合邗江实际，制定出切实可行的实施方案。相关科室编写了社区社会组织知识问答，对镇（街道）民政科长进行具体业务辅导。

街道设立的社会组织服务中心是孵化基地，是社区社会组织管理服务的综合性平台，它充分利用各社区"多功能服务厅"的硬件设施和小区工作站、社区邻里驿站的软服务，将服务触角延伸至居民家门口，形成街道社区便民服务中心、社区工作站和小区邻里驿站三级服务机制。社区各类社会组织以居民需求为导向，以辅助社区服务为目标，不断整合社区资源，为居民提供优质服务，促进了社区的稳定。目前，全区共有社会组织880个（登记366个、备案514个），其中社区社会组织有651个。经社区社会组织服务中心孵化基地的孵化，有137个草根组织成为独立法人的社会组织，开展正常的社会活动，为"幸福邗江"建设做贡献。下一步，邗江区将进一步总结邗上街道社区社会组织服务中心孵化基地的成功经验，并向全区推广，以便更好地发挥社区社会组织在参与民生服务、反映社情民意、维护社会稳定方面的重要作用。

3. 社会组织孵化基地建设的主要成效

江苏省各地将社会组织孵化基地建设列入社会组织培育管理重点，以"政府支持、民间兴办、专业管理"为创建模式，通过资金、项目、人才、场所等多元化扶持，大力推进社会组织孵化基地建设。截至2014年底，全省已建各级社会组织培育扶持（孵化）基地323个，其中市级20个，县级97个，街道、社区级206个，共计投入资金6.4亿余元，培育孵化各类社会组织7302个，工作人员1530名。100%的设区市和82%的县（市、区）已成立社会组织孵化基地。具体情况总结如下。

①建设形态各不相同。目前已建的全省各级各类社会组织孵化基地，基本性质不一、资金来源多样、建设形式各异、功能定位不同。一是基本性质上，大体可区分为事业单位、民办非企业、社团以及尚未注册登记几种，其中民办非企业、尚未注册登记两类占绝大多数。二是资金来源上，主要有福彩公益金、财政拨款、业务主管单位扶持、街道自筹等几种渠道。三是建设形式上，有的是政府出资兴办的，如太仓市社会组织服务中心，是由太仓市机构编制委员会批复成立的全额拨款事业单位，拥有5名事业编制人员；有的是政府与社会组织合办的，如南通市崇川区爱德社会组织建设中心，是由南通市崇川区政府和爱德基金会合作创办的，是爱德基金会发起创办的一

家公益枢纽型社会组织；还有的是民政与其他部门合办合建的，如扬州市行业协会（商会）培育促进中心，由扬州市民政局、工商联联合建立，主要培育有创新性的行业协会（商会）等社会组织。四是功能定位上，孵化基地的功能大体上包括场地资金扶持、专业能力提升、项目设计开发、社会组织等级评估等方面，但各类社会组织孵化基地的主要功能各有侧重，比如市级的基地以评估、培育、孵化等综合性功能为主，而街道（乡镇）级，尤其是社区层级的基地则以政策宣传、代办手续等服务功能为主。

②运行模式不断优化。通过近几年的发展摸索和大胆尝试，全省各地在社会组织的孵化建设上，已从最初实现从无到有、追求数量增长的阶段，转变到优化运行模式、提高孵化效果的阶段。一是基地建设区分层级。目前，全省社会组织孵化基地可区分为市级、县（市、区）级、街道（乡镇）级、社区级四级，其中13个设区市均建立了市级的社会组织孵化基地，包括综合性和专业性两类，80%的县（市、区）建立了社会组织孵化基地。二是社会组织分类孵化。在社会组织的孵化上，无锡、苏州、南通等一些社会组织孵化起步较早、发展较好的地区，根据孵化基地的层级、性质以及社会组织的规模大小、成熟程度等因素，采取统分结合、分层孵化、各有侧重的孵化模式。如无锡市，市县两级孵化基地主要孵化初创期、成长期的区域性、公益性、支持性、专业性社会组织；街道、社区级社会组织孵化基地主要孵化处于初创期的公益慈善类和社区服务类社会组织。三是管理模式因地制宜。在基地的运行管理上，各地根据基地的层级、性质、功能，充分借用各方有利资源，大胆尝试各种运营管理模式，力图把基地建好、建强。有的是借助第三方专业团队，

如海门市社会组织孵化园，投入资金约 120 万元，聘请专业化团队进行运作；有的是采取社区托管模式，如无锡市滨湖区河埒街道"益巢"服务园；有的是依托街道民政办或者镇政府现有其他资源，每年以文件的形式下达培育发展任务，搭建社会组织培育基地管理构架。四是制度建设逐步完善。如苏州市民政局和财政局专门制定了《苏州市扶持社会组织培育基地建设"以奖代补"资金管理办法》和《苏州市社会组织培育基地考核评估细则》。

③孵化功能综合齐全。在实际运行中，各类社会组织孵化基地积极发挥培育扶持、管理规范、服务引导等功能。一是多维度孵化。无锡市社会组织孵化基地对社会组织采取多维度孵化模式，并非单一提供资金场地、服务支持和能力建设，而是将三者融于公益项目运作中，把指导社会组织运作公益服务项目作为社会组织孵化的重要抓手，并指导社会组织积极竞选各级公益创投活动。二是培育与规范并重。孵化基地在具备专业能力培训、项目开发扶持、交流平台搭建等培育功能的基础上，还强调社会组织规范性建设，以社会组织等级评估为重点，一些孵化基地协助社会组织建立健全以章程为核心的信息披露、财务管理、内部治理等各项规章制度，提升社会组织的自律性和诚信度。

（三）浙江省政府购买社会组织服务经验借鉴

1. 基本概况

政府购买服务可以追溯到 18 世纪 60 年代。在新公共管理理论的推动下，20 世纪 80 年代后美国、英国、德国、日本等发达国家纷纷推行政府购买服务机制，由此政府购买服务成为一种世界性的潮流。浙江省是中国较早探索政府购买服务的省份之一。1997 年 7 月浙江省省政府下发了《关于建立政府采购制度的通知》，并成立了省政府采购工作领导小组，以加强对地方各级政府采购工作的指导、协调和管理。经过十多年的探索，浙江省各级政府向社会组织购买服务从小到大、从点到面，目前已进入全面推进的阶段。

2. 主要经验

①切实转变政府职能，重构政府与社会组织的合作伙伴关系。在"小政府、大社会"的公共治理下，社会建设与管理是一个多元的过程，政府应充分认识购买服务制度创新的重要意义，切实转变自身职能，逐步摆脱过分强调对社会的控制力，与具有自治功能的社会组织建立良好的伙伴关系，构建新型的政社合作模式。要利用好公共财政资金和福利彩票、体育彩票公益金，扩大公共服务效应，逐步实现公共服务由"政府直接提供、直接管理"变为"政府购买服务、实施评估监管"。在相关制度安排上，把应当也可以由社会组织承担的职能，委托给社会组织履行，将政府的工作重心转移到了解群众需求、制定发展规划、提供服务目标、安排财政预算和加强监督管理等方面。

②提升社会组织的执行力和公信力，夯实提供公共服务的基础。社会组织寻求发展空间，就必须提供更好的公共服务项目和提高自身的建设水平及公信力。首先，要健全内部治理结构，规范财务管理，降低运行成本，提高资金效益，提升民主科学决策水平。其次，要提高专业化水平，广泛吸纳懂技术、懂管理的优秀人才，加强人才梯队建设，提升项目运作能力。再次，要加强公信力建设，做到信息公开、透明，恪守社会组织基本原则，赢得政府和社会的信任，使在政府提供的平等竞争的条件下，把握更多的公共服务机会，实现自身的根本宗旨。

③建立严格的评估监督机制，防范和控制购买服务的风险。

政府购买社会组织服务是一项系统工程，既包含复杂的技术与管理问题，也涉及法律责任转移的问题。购买公共服务，要按照一定的规则，通过公平、公正的竞争机制择优，并签订法律文件，明确双方职责，提供稳定的制度保障。政府必须坚持物有所值的原则，加强成本核算，健全评估监督机制，防范和控制国有财产的流失、避免侵害公共利益的行为发生。要将购买服务的绩效作为评估监督的核心内容，对绩效评估不合格的社会组织，政府应当依据法律文件，采取必要的措施，追究其法律责任。

④深化事业单位体制改革，大力培育扶持社会组织发展。事业单位是中国政府部门的延伸，长期依附于政府的垄断资源，规避风险，机制僵化，导致政府公共服务成本过高、服务质量效率较低。而目前中国社会组织总体规模小、资源短缺、服务能力较弱，发展速度趋缓。2010 年 10 月底，浙江省社会组织有 2.9 万个，近五年平均增长率仅 5% 左右，作为承接政府购买公共服务项目的第一载体，它们不能满足社会对相关服务的需求，供需矛盾突出。政府应借鉴国有企业改制的成功经验，改变"养机构、养人、办事"的僵化体制，大力深化事业单位改革，公益性事业单位转型社会组织，"事退社进"，为社会组织的功能发挥让渡空间，并逐步开放社会组织成长点——政府公共资源，放手培育扶持大批规模化、品牌化的社会组织，无缝对接政府公共服务职能，加快推进政府购买社会组织服务进程。

七 社会治理视野下促进云南省社会组织发展的对策建议

云南省是我国十分重要的多民族边疆省份，是民族宗教文化多样性突出的区域，疆线绵长、邻国繁多、地域辽阔、资源富集、文化独特，既拱卫着国家的核心区域，为其提供安全保障和战略纵深，也是国家进一步发展的地理空间，对国家的发展和稳定具有根本性的影响。它是我国打击暴力恐怖势力、民族分裂势力、宗教极端势力的前沿阵地，是维护民族和谐、生态安全、资源安全、文化安全的复杂地带，是"丝绸之路经济带""亚欧大陆桥""上合组织""东盟共同体""南亚区域合作联盟"等的战略要地，在中央统筹国内国际两大格局中具有重要的战略地位。因此，云南省社会治理必须把握好安全与发展之间的关系，发展是安全的基础，安全是发展的条件。没有安全，发展无从谈起；没有发展，安全不会长久。云南省发展当下最紧迫的就是通过经济发展、劳动力就业、社会保障、公共卫生、教育文化等方面的进步，全面建成小康社会，与东部沿海地区和内地共同实现中华民族伟大复兴的中国梦。

云南省社会组织发展是中国社会组织发展巨幅、多样性画卷上的边疆、民族风情画面，但是，云南省社会组织发展必须和云南省现代化以及中国现代化的发展保持相对的一致性、适应性。一方面，云南省社会组织处在和全国其他地方相同的政治体制、基本国情、主流文化之中，它们的培育和发展与全国其他地方社会组织培育和发展有相同之处。另一方面，特有的自然、人文环境，面临的现实与历史条件，使现阶段云南省社会组织的培育和发展呈现与沿海和内陆发达地区社会组织的培育和发展不同的特征，或者在与沿海和内陆发达地区社会组织的培育和发展有大体相同的特征的同时，与它们相比还有一定程度量的差别以及一些变异的因素。在社会治理创新的场域中，政府、企业、社会作为公共事务的主体，共同承担着服务社会的职责。但如何在政府的简政放权中使社会组织稳健增长？如何让社会的公共空间得到有效的扩展，使社会组织获得自主创新的空间？对这些关键性问题的思考成为社会治理创新的重要环节。在这一过程中，明晰政社关系边界的内涵、政府在其中的角色定位以及推动制度创新则是建立健全现代社会组织体制的关键。

（一）地方政府治理理念的变革与创新是关键

社会治理的宗旨是合理回应和满足人们日益增长的权利诉求，其根本目的是实现、维护和发展好人民群众的合法权利。社会治理创新的过程就是公众权利得到充分尊重和政府权力得到规范的过程。相当一段时间以来，政府对社会组织的接纳和承认是有条件的，在政府的诸多文件中，强调对社会组织的监督管理远大于对它们的培养扶植。这就要求各级党委、政府要从领导干部的思维方式和行为习惯改变做起，摒弃陈旧落后观念，不断强化现代意识、民主意识和法治意识，切实尊重人民群众主体地位。要把呼应群众需求、激发社会活力、促进各方力量参与作为着眼点，坚持问题导向与目标导向相结合，健全完善治理运行机制，广泛发动群众参与，努力做到治理的科学化、法治化与民本性。

1. 公共利益的理念

云南省各级政府应突出强调以公平正义为根本准则，以改善民生为基本追求，以社会和谐为重要目标，以社会安全为底线保证，努力在政策、制度、方法等的设计上适应和满足群众的需要，变过去"下面跟着上面干"为"上面围绕下面转、各级围绕群众转"。习近平总书记曾明确指出"我们要从思想和感情深处真正把人民群众当主人、当先生，把自己看作人民群众的公仆和学生，自觉贯彻党的群众路线"。政府行使公共权力必须综合平衡各方面的利益关系，绝不能被某些利益集团所左右，政府治理必须保障社会公平和公益目的。要针对公共意识的缺失、损害公共利益的行为、公益保护的漏洞和政府监管的薄弱等问题，必须强化政府治理的科学性、公正性和权威性，提升和促进社会公共利益的价值认同和价值实现。对政府治理效果的评价，应该以公共利益的实现程度为主要依据，围绕公共利益构建政府官员和社会组织的问责机制。党的十八届四中全会提出全面落实行政执法责任制，强化对公共行政权力的监督与问责，这对于促进以保护公共利益为核心的政府治理创新具有重要意义。

2. 法治的理念

虽然政府向社会组织转移职能已经在全国各地普遍开展，并取得了一定的成效，但在实际运作过程中也存在政府职能转移界限不清、政府选择性地转移职能的现象严重等问题。全面推进依法治国，就是要把政府活动全面纳入法制轨道，保障各类治理主体的合法权益。云南省各级政府必须坚持"依法确权、科学配权、阳光晒权、从严控权"，确保行政权力于法有据、依法行使、受法制约、违法追责。

①依法确权，厘清权力边界。一是建立"政府权力清单"。对所有行使行政权力的单位进行系统梳理清查，摸清行政权力底数，取消、下放、转移和整合有关行政权力，没有法定依据的坚决取消。二是建立"政府责任清单"。坚持"宽进严出"，加强事中事后监管，明确责任事项、责任主体、追责情形，把该管的管起来、管到位，既防止"越位""错位"，又要防止"缺位""失位"。社会组织创建之初，往往会在资金、管理、人事、场地等方面出现困难，政府的培育与扶持是必要的。然而，政府也往往会凭据这一帮助去干预社会组织的正常运转，从而容易形成"以权代社"的局面，这本身与社会组织成立的初衷是相背离的。因此，政府只有做到既要培育与扶持社会组织，又不干预其发展，才能够真正促进社会组织的快速健康发展。例如，上海市

于 2013 年出台的《关于加强本市社会组织孵化基地建设的指导意见》提出，扩宽筹集资金，搭建跨界合作平台，在此基础上通过继续推进职能转移和购买服务、建立财政扶持制度、实现社会组织去行政化等方式推动政府与社会组织走向扶持与合作的新水平。三是建立"市场准入负面清单"。深化行政审批制度改革，最大限度地为市场主体松绑减负，用政府权力的"减法"，换取社会活力的"乘法"。政府对社会组织的发展进行规划引导是必要的，否则社会组织就会陷入无序化发展的困境。然而，社会组织也有其自身的成长规律，社会组织发展与自治文化传统有关，与市场经济进程和民间资本积累程度相关。因此，政府的规划引导不应忽视其成长规律而过多使用行政化的手段进行，否则就会出现拔苗助长的现象，不利于社会组织的成长。

②科学配权，优化权力架构。优化行政权力结构与运行机制，实现决策权、执行权、监督权适度分解与制约，形成既分工负责、相互协作又相互牵制、相互把关的权力架构。妥善处理加强顶层设计与注重地方实际之间的关系。

一方面，中央应在法律与政策方面保障政府与社会组织良性互动关系的有效实现，使社会管理体制改革能够整体推进，以实现全国一盘棋。首先，取消社会组织"挂靠制度"。行政单位不得在审批、登记、监管和评估中对社会组织加以行政干预，禁止党政群团机关和事业单位作为发起人或者指定发起人举办或者委托举办民办非企业单位，保障社会组织的独立自主性。其次，加强社会组织的立法进程。要想社会组织发展，必须破除体制壁垒，加强顶层制度设计。党的政策与现行法规未能实现同步，如党的十八届三中全会提出四类社会组织"成立时直接依法申请登记"，但《社会团体登记管理条例》（2016 年）中关于社会组织登记时需寻求上级主管单位审查同意的相关条例并未得到相应修正，这导致一些地区的民政部门和其他政府部门就各自的主管单位职责产生认知分歧。因此，民政部应主动联系立法部门对与社会组织相关的法规和各类规范性文件进行全面审查，对那些存在缺陷的应开启必要的终结程序；推动《中国社会组织法》的拟定、修改与颁布，形成门类齐全、覆盖全面、相得益彰的社会组织法律法规体系。再次，把好决策关。现有制度中存在较多原则性的概述，制度的针对性和操作性都较为模糊，导致下级政府执行难。如《社会团体登记管理条例》引入非竞争性原则来强化对社会组织的管理，但财政部、民政部、工商总局印发的《政府购买服务管理办法（暂行）》强调政府购买社会组织服务时采取"公开择优"的竞争筛选原则，反映出具体管理规章、制度层面存在冲突。因此，应按照"制度科学、程序正当、过程公开、责任明确"的要求，严格遵循"公众参与、专家论证、风险评估、合法性审查、集体讨论决定"五项法定程序，确保重大行政决策科学民主。

另一方面，也要注重各地政治、经济与社会等发展的差异，因地制宜，区别对待。社会治理更强调将政策执行的自由裁量权下放给地方政府，鼓励各地方政府因地制宜地执行政策，上级政府主要是在治理绩效（结果）上对下级政府进行评估和激励。这意味着地方政府更多是以改革创新的"试验"态度来发展社会组织。关键是要进一步深化行政执法体制改革，整合执法资源，减少执法层级，减少执法队伍种类，压减执法自由裁量权，全面落实行政执法责任制，切实解决擅权执法、寻租执法等问题，构建立体式、全方位、多渠道的监督网络，把行政权力始终置于各方面的有效监督之下。

③阳光晒权，确保公开透明。党的十八届四中全会指出，"坚持以公开为常态、不公开为例外原则，推进决策公开、执行公开、管理公开、服务公开、结果公开"。这表明，政务公开不是政府可以自由选择的权利，而是对社会应尽的义务。各级政府及其部门要加大政务公开力度，创新政务公开方式，确保权力在阳光下运行。这种公开与透明，一方面体现为在公共政策的制定过程中对社会各阶层及利益相关群体意见的听取与采纳，另一方面体现为公共政策执行过程的公开透明，让权力在阳光下运行。社会治理进程中的政府治理，必须杜绝"暗箱操作"，拓宽公众参与渠道，保障公众参与权利。2016 年 2 月 17 日，中共中央办公厅、国务院办公厅联合发布的《关于全面推进政务公开工作的意见》，对全面推进政务公开做出系统部署。这对我国发展社会主义民主政治，提升国家治理能力，增强政府公信力、执行力，保障人民群众知情权、参与权、表达权、监督权具有重要意义。

④从严控权，扎紧制度"笼子"。习近平总书记强调，"要加强对权力运行的制约和监督，把权力关进制度的笼子里"。一是推进管理流程化。编制权力运行流程图，细化权力运行和业务操作程序，实行在线监控，提高监管效率，促进各项工作高效运转。当社会组织具有独立的法人地位后，它们往往能对政府权力的监督形成较强的影响力，形成政府监管和社会监督相结合的监督机制。二是推进防控系统化。要针对权力运行的关节点、薄弱点、风险点，完善防范权力滥用的相关制度，实行分事行权、分岗设权，分级授权，推进定期轮岗和流程控制，切实用制度管权、管事、管人。三是问责常态化。要坚持把行政不作为、失职渎职、滥用职权和严重损害群众利益的行为作为问责重点，做到

有错必纠、有责必问。

3. 简政放权的理念

政府部门向社会组织放权，或与社会组织进行共同治理，能从根本上改变政府管理经济与社会事务的理念和方式。在社会治理创新进程中，地方政府一方面要从政策层面对社会组织给予扶持，赋予社会组织发展和运行的权力和职责，加大政府购买服务的广度和宽度，提供相应的立法支持、资金帮扶、财税优惠；另一方面应从当前中国社会发展的现实出发，合理地评估社会组织的现状和能力，建立健全多元协调机制，发挥多元主体各自的功能。否则，一味地强调"简政放权"或"职能转变"既会为政府的塞责留有话语空间，被赋以重任的社会组织也将因"揠苗助长"而难以健康成长。正如李克强总理多次强调的，简政放权的前提是"社会组织有积极性且适合承担"。

云南省各层级的政府间，层级越往下，对上负责的部门越多，面对的利益主体和公众需求越庞杂，而掌握的人、财、物和政策等各类治理资源越显得不足，体现在改革上就会出现不同层级政府不同步的现象。从横向上来看，因经济社会发展水平不同，各州市拥有的治理资源具有较大差异，有些欠发达地区的市场主体、社会组织发育不够充分，参与社会治理的能力不足，尤其是在公共产品提供方面仍然主要靠政府，这是不同地方的同级政府间改革不同步的最重要因素。可见，解决改革不同步现象，既需要上级政府加大简政放权力度，也需要基层政府提高治理能力，形成上下协同的治理格局。例如，目前省、市（州）、县级政府部门机构设置极不对等，呈倒梯形，基层政府在承接权力、落实工作时，由于编制少、人员少，不堪重负，这在一定程度上影响了工作效率和质量，应进一步优化各层级的机构设置，尽量做到编制人员与下放事权对等。并且，在下放行政审批事项和权力的同时，需要进一步跟进资金保障。比如，县级以下政府多实行"吃饭财政"，保工资、保运转、保稳定的压力和推进改革任务的资金缺口都比较大。

4. 公民意识的理念

社会治理说到底还是一种集体行动，所以我们既要研究各种社会组织的形式，又要注意各个组织内部是否有一种集体行动发生，是否在培养一种真正的公民权利。[1] 边疆民族地区文化的发展涉及多个层面，包括：科学技术的发展；边疆精神的塑造，尤其要注意法治精神、可持续发展理念；公民意识的强化。而公民意识的强化是边疆民族地区文化发展的核心。公民意识是指公民个人对自己在国家中地位的自我认识，也就是公民自觉地以宪法和法律规定的基本权利和义务为核心内容，以自己在国家政治生活和社会生活中的主体地位为思想来源，把国家主人的责任感、使命感和权利义务观融为一体的自我认识。[2] 公民意识首先是一种国家认同意识，其次是一种权利与义务意识。这两者对云南省边疆民族地区的发展都至关重要。现代公民意识的培养既能够增强人们的国家认同意识，也是边疆民族地区社会发育的重要条件。通过对公民意识的阐释、宣传、教育和践行，让社会组织成员理解自己组织的使命，特别是要使理事会成员、高层管理者、内部工作人员、志愿者、捐赠者等都能通过组织使命认识到自己

---

① 沈原：《市场、阶级与社会：转型社会学的关键议题》，社会科学文献出版社，2007。

② 张健：《美国边疆治理的政策体系及其借鉴意义》，《云南行政学院学报》2011 年第 5 期，第 162 页。

所从事工作的意义，让大家的思想和认识在使命上达成共识，进而在实际工作中让自己的一切行动都围绕着使命来展开。

（二）稳中求健，在发展中突出重点

云南省社会组织起步晚、发展慢的现实问题应该受到重视，它们在发展过程中应当考虑到社会资源和特殊地理位置的影响。云南省是"集贫困问题、环境问题、民族问题、宗教问题、边境问题、'三农'问题、教育问题、人口问题、安全问题等诸多问题于一身的集中区域。这些'问题集合'决定了实现现代化需要解决的问题更加复杂多样"。① 这种现实存在和影响导致云南省社会组织的发展模式和方式不同于其他省份。云南省社会组织应当在稳定中求得发展，在发展中促进稳定，并突出重点和特点，找到适合自身的文化要素，以这种文化要素为基点并由内而外辐射，形成自身的成长和发展亮点。

1. 认真研究制定社会组织发展的中长期规划

目前，各级政府和职能部门在设计关乎社会组织发展的制度时，大多遵循"事本主义"原则，缺乏长远思考，不同部门、不同地区的政府间缺乏协调与制度整合。导致大多数社会组织无法形成基于稳定、透明制度环境的长远发展预期。事实上，当前社会组织发展中的许多深层次问题都是与其缺乏稳定制度预期有关。比如，社会组织的专业化水平不足曾引发广泛讨论，但多数研究仅强调待遇差、资金不足等显性因素，未意识到背后的深层原因。许多社会组织中的专业人士不足并不单纯是财力不足所致，而是这些组织对未来发展空间预期不足，因而担心组织一旦

---

① 马国芳：《云南跨境民族地区社会组织现状研究》，云南人民出版社，2014，第 74～75 页。

面临收缩，招来的专业人才就会无地用武。[①] 由此可见，不稳定的发展预期是当前社会组织发展中亟待重视的现象。各级政府和职能部门应准确定位社会组织，理顺思路，做到社会组织发展思路清晰、目标明确、措施到位；社会组织应积极与政府沟通协调，主动为自身的发展争取更好的政策、资金、项目、税收方面的支持和优惠。

2. 突出社会组织发展的重点领域

"社会组织"构成复杂，不同类型社会组织的功能取向不一，功能领域涉及面也广。基于此，地方政府应设计出扶持那些对于促进经济发展、提升公共服务水平有显著效应的社会组织的制度安排。2013 年 8 月 23 日，云南省以省委、省政府联合发文的形式制定了《关于大力培育发展社会组织　加快推进现代社会组织体制建设的意见》（云发〔2013〕12 号），明确提出"培育发展重点"为"公益慈善类社会组织""行业协会商会类社会组织""城乡社区服务类社会组织""科技文化类社会组织"，以及将在"省、市、县三级设立社会组织培育发展专项资金，重点扶持我省经济社会发展急需培育的各类社会组织，对符合申请条件的社会组织给予补助"[②]。总体来看，云南省省委、省政府特别注重经济类和公共服务类社会组织的发展。例如，通过购买公共服务力促云南携手困难创业服务中心、云南连心社区照顾服务中心、云南振滇社会组织发展研究院以"三社联动"的方式探索城郊社区和农村社会工作服务模式，探索灾区社会工作服务

---

① 黄晓春：《当代中国社会组织的制度环境与发展》，《新华文摘》2015 年第 24 期，第 33 页。

② 《中共云南省委　云南省政府关于加快推进现代社会组织体制建设的意见》，民商网，http://www.yn21st.cn/content/5193.html，2015 年 11 月 9 日。

模式和探索"三区"（边远贫困地区、边疆民族地区和革命老区）农村社会工作模式。

在此背景下，各级政府都加大了对公共服务类社会组织的支持，这能对其他类型社会组织向公共服务型组织的转变起导向性作用。例如，对还未在民政部门正式登记注册的社会组织，诸如采用备案方式登记的社区群众团体、青年自组织团体以及数量不明的网络社团等，受资源与合作性限制，组织化水平相对较低。面对这类社会组织，基层政府可在相关政策激励措施的影响下，通过场地、资金等公共资源支持的方式，引导其参与社区建设并承担一些公共服务职能，进而提升这类社会组织的能力。

3. 推进社会组织管理信息化建设

当前，我国信息化正加速向互联网化、数据化、智慧化方向演进，成为社会管理与创新发展的重要方向和强力支撑。从社会角度看，信息技术的驱动力将形成全新的社会运行模式，满足大众对资源可及、服务到位、高效便民、公平公正的社会生活的需求。因此，应建立健全社会组织登记与监管信息系统和服务信息网络，逐步建立集信息查询、互动交流、社会监督和行政管理等功能于一体的社会组织登记管理系统和信息披露平台，并使之具备社会组织登记信息、年检结论、评估等级、行政处罚等信息查询功能，作为向社会披露社会组织年度工作报告、重大活动和财务状况等重要信息的门户网站。公众入口为社会组织、会员、社会公众提供政策法规咨询、网上年检、网上登记、办事状态查询及结果答复、信访投诉等社会化服务。政府入口为登记管理机关、业务主管单位、行业主管部门和相关职能部门提供行政审批、协作沟通、共同监管等业务工作，实现跨部门、跨地域的合作及数据互联互通。建立社会组织基本信息查询系统、社会组织业务在线交流系统、管理工作信息即时传达系统，为公众与社会组织交流提供广阔平台。

（三）加强以评促建，促进社会组织的规范化建设

目前，全国有 10 多个省份的社会组织评估率达到 40%，20 多个省份的社会组织评估率达到 30%，而云南省包括 2015 年的评估数量在内，评估率还不到 8%。因此，要进一步加强完善社会组织评估工作。开展社会组织评估是大力培育发展社会组织和推进现代社会组织体制建设的有效办法和具体措施。以云南省社会组织评估工作为契机，对民办非企业单位实行规范化建设评估，评估指标包括基础条件、内部治理、业务活动、诚信建设和社会评价；行业协会商会的评估指标包括基础条件、内部治理、工作绩效和社会评价。许多社会组织反映，经过评估，进一步完善了治理结构，健全了规章制度，加强了财务管理，明确了发展思路。对社会组织进行评估对于培育其发展理念、明确其地位等具有重要作用。

1. 加大培训和宣传力度

民政部社会组织评估委员会要根据变动着的实际情况和科学公正的原则修正不合时宜的评估指标，建立健全科学的社会组织评估与评级体系。云南省应严格按照评估要求客观公正行使权力，坚守底线，不得暗箱操作。积极培训评估对象，打破其"为评估而评估、为等级而评估"的认识，树立评估对象对评估目的和意义的正确认识。同时，对评估专家开展有针对性的培训，增强其实评经验，缩小衡量标准差距，提高评估结果的科学性和公正性。

2. 把评估作为促进社会组织规范化建设的一个过程

要真正实现评估的目的和作用，须改变印发通知后即开始评

估的方式，探索印发通知后让社会组织准备一定时间再实施评估的模式，让准备期成为评估对象有效的规范化建设阶段，提升评估质量和效果。把评估作为登记管理机关全面了解社会组织作用发挥、把握社会组织发展需求的过程，作为管理机关服务社会组织、加强个性化指导的过程。

3. 加强评估工作信息化建设

建议委托软件公司开发具备打分、汇总、统计、分析功能的社会组织评估软件系统，使专家从烦琐的分数统计汇总工作中解脱出来，把大部分时间精力投入对评估结果的分析、研究和总结上，以提高评估工作的效率和质量。

4. 把评估结果与承接政府购买服务挂钩

把评估结果与承接政府购买服务挂钩，把评估结果作为社会组织承接政府购买服务的一项资格条件，并根据评估结果公布承接政府职能转移和购买服务的社会组织目录。按照公平、公正、公开、竞争的原则，使政府转移职能实质性、普遍性、常态化地推进，使社会组织"有事可做"。

5. 建立专家联席会议制度和研讨机制

社会组织评估已有较全面的专家人才资源库，建立专家联席会议制度和研讨机制，定期或不定期召开专家联席会议，相互通报、交流、探讨评估信息，听取大家对社会组织评估工作的意见和建议，以促进社会组织评估工作更加规范和更加完善。

（四）建立健全以项目为导向的政府购买社会组织服务机制

十八届三中全会通过的《中共中央关于全面深化改革若干重大问题的决定》提出："适合由社会组织提供的公共服务和解决的事项，交由社会组织承担。"这就要求搭建社会组织参与社会服务的公共平台。社会服务政府购买推行比较早的省份都已经公布了省、市、县的三类目录。第一类是政府需要转移出去的职能目录；第二类是政府向社会组织购买服务的目录，包括服务的内容、名称、项目、价格；第三类是承接社会服务的主体社会组织的目录。

但是目前云南省制定的《云南省县级以上政府向社会组织购买服务暂行办法》以及《云南省政府购买社会工作服务实施办法（征求意见稿）》都仅仅是一个制度性的文件，缺乏操作性以及实践性，没有形成完整的目录。实践中，云南省于2014年开始了艾滋病防治政府购买项目77项，2015年云南省福彩公益金支持社会组织参与社会服务项目共立项17个项目，目前还没有完成政府购买社会服务的一个完整周期，仍然需要更多的探索过程。① 其他省份在政府购买社会服务实践中已经发现在社会服务的定价、监督机制、拨款以及绩效评估机制中的困境，而云南省政府购买社会服务整体制度尚未形成。

因此，应以目前开展的购买项目为基础借鉴其他地区的实践经验尽快完善制度体系。①各级政府部门应根据《云南省政府购买社会工作服务实施办法（征求意见稿）》的要求，建立以项目为导向的政府购买社会组织服务制度，制定购买社会组织服务管理办法和目录。②将购买社会组织服务经费纳入财政预算，做到权随责走、费随事转，保证社会组织具有承担相应职能的能力，使社会组织"有钱做事"。③梳理出可面向社会组织购买的公共服务事项，逐步将技术服务、行业管理以及社区事务性、公

---

① 《云南省民间组织管理局关于2015年省本级福彩公益金支持社会组织参与社会服务项目立项通知》，云南省民政厅官网，http：//yunnan.mca.gov.cn/article/tzgg/201508/20150800867010.shtml，2015年8月。

益性、社会性工作纳入购买服务范围。④委托专门的代理机构及时在社会组织信息网、公共资源交易网、政府采购与招标网等公共媒体上公布相关信息，搭建网上申报系统，组织专家对申报单位的资质、业务能力、信用度等进行综合评审。⑤对项目的实施过程加以监督，对实施效果加以评估。鼓励社会组织以项目为支点，不断转变运作模式，用能力求生存，打造服务品牌，找出发展中的薄弱环节。

各地方政府应列出符合本地区社会需求的购买服务项目。云南省民族众多，地区间经济文化发展多样、不平衡，因此各地社会服务需求和满足状况差异性大。社会服务的需求根本上应该是一个自下而上的过程，社会服务购买从需求者角度进行设置会产生更好的社会评价与资源利用效益。目前，云南省政府购买社会服务以省会为基点开始试点，如正在推行的艾滋病防治项目，但这不能作为长期的状态。各级政府需要列出本地最需要的社会服务目录，不盲从于省级项目。并通过社会调查、需求评估等做好社会服务购买项目的规划，扶持符合本地人群需要的社会组织发展。

（五）加强社会组织自律机制建设，形成依法自治的现代社会组织体制

党的十八大报告提出加快形成"社会组织体制"，党的十八届三中全会将"激发社会组织活力"纳入"创新社会治理体制"的范畴。这些隐含着不同的制度创新思路，要求地方政府在改进社会治理方式的同时兼顾好社会组织发展的活力、政府治理和社会自我调节良性互动以及社会组织融入社会治理体系等多个目标。这就要求云南省各级政府还应积极引导支持社会组织自身能力建设。

1. 建立健全社会组织内部治理制度

优化和提高社会组织的治理结构和治理水平，健全社会组织内部治理制度，即法人治理结构，正如市场体制中现代公司需要公司治理结构一样，社会组织的规范运作需要一个完善的法人治理结构，包括产权的明晰、董事会的内部管理机制、财务管理的机构、运作方式的监管等。完善的法人治理结构，可以有效防范机构在发展目标、运作方式、服务战略上的偏位和失灵，有效遏制少数精英损害机构和公众利益的行为，有效降低成本和提高服务质量。制定社会组织会费收取、网络募捐、活动合作、评比表彰、不动产捐赠等的行为规范和活动准则。完善社会组织信息公开制度，规范信息公开内容要素和平台载体。建立完善社会组织退出制度。优化年度检查制度，提高年度检查效能。建立健全第三方评估制度，增强评估功效。

2. 引导社会组织自律诚信建设

引导社会组织健全以章程为核心的独立自主、权责明确、运转协调、制衡有效的法人治理结构；完善会员（代表）大会、理事会、监事会制度，实行决策、执行与监督分离；建立民主选举、民主决策、民主管理、民主监督的自治机制。坚持诚信原则，制定行业规范，开展行业自律，增强诚信守法意识，推行服务承诺制，提高社会公信力。坚持非营利原则，规范社会组织活动。加强公益慈善项目监管和公众监督，防止诈捐、强行摊派、滥用善款的行为。完善社会组织自律监督体系，健全防治"小金库"、乱收费、乱评比等长效机制，严格控制社会组织评比、达标、表彰等活动。

3. 加强社会组织人才队伍建设

高素质人才从某种意义上讲是社会组织执业水平和资信的象

征，除了要严格实施资格考试准入制度，实行执业资格审查、登记备案管理制度外，还要强化社会组织员工的职业意识，组织好从业人员的业务培训和职业道德教育。云南省在今后社会组织的发展中，新增社工岗位原则上使用已取得社工职业证书的人员或社工专业毕业生，从源头保证从业人员的专业属性。高校可开设相关专业，培养社会组织急需的人才，引入省内高校资源，加强社工专业人才培育基地建设，以提升社会组织的管理者能力和决策水平。加强社会组织从业人员权益保障，研究制定从业人员权益保障政策，督促社会组织建立完善从业人员劳动用工制度。鼓励社会组织建立从业人员养老年金制度，提高社会保障水平。打造一支高素质的社会组织人才队伍。

4. 落实社会组织党建工作

严格按照中共中央办公厅印发的《关于加强社会组织党的建设工作的意见（试行)》的要求，由省、市、县成立社会组织党建工作机构统一领导和管理社会组织党建工作；城乡社区社会组织党建工作，由街道社区和乡镇村党组织兜底管理。有业务主管单位的社会组织的党建工作，由业务主管单位党组织负责领导和管理，接受社会组织党建工作机构的工作指导。各级党委组织部门和社会组织党建工作机构建立三项工作机制：统筹协调机制、上下联动机制和直接联系机制。明确各级党委组织部门对同级社会组织党建工作机构进行指导，上级社会组织党建工作机构对下级社会组织党建工作机构进行指导，保证工作指导上的上下贯通。针对社会组织特点，本着应建尽建的原则加大党组织组建力度。对暂不具备组建条件的社会组织，可以通过选派党建工作指导员、联络员或建立工会、共青团组织等途径，开展党的工作，条件成熟时及时建立党组织。新成立的社会组织，具备组建条件的，登记和审批机关应督促推动同步建立党组织。通过各种方式，努力做到哪里有群众哪里就有党的工作，哪里有党员哪里就有党组织。

5. 引导社会组织积极承担社会责任

引导社会组织树立服务大局、服务社会、服务群众意识，主动配合关系云南省改革发展稳定大局的重大决策，积极参与解决人民群众最关心、最直接、最现实的利益问题，踊跃投入公益慈善事业，关爱弱势群体。逐步建立社会组织责任体系，倡导社会组织发布社会责任报告，促进社会信用体系和市场监管体系建设。引导社会组织发挥理性反映企业、群众诉求平台优势，为党委、政府决策积极献计献策。配合参与政府公共管理，协调劳资纠纷，化解社会矛盾，维护社会稳定，促进社会和谐。

6. 促进社会组织依法参政议政

在理想的情境下，社会组织不仅是公共服务的主体，而且是治理体系的主体和社会意见表达的重要载体。但在现实中，地方政府，特别是基层政府在制度执行中往往强化社会组织作为公共服务主体的角色，但在另外两个层次鲜有实质性的制度建设，社会组织难以进入公共领域发挥作用。因此，应引导社会组织积极参与社会管理创新相关政策制定和理论研究。加强政府与社会组织信息沟通，建立重大决策征询相关社会组织意见的制度，在制定出台政府规章、公共政策、发展规划、管理措施之前，采取调研、咨询、听证等形式征求和听取相关社会组织的意见和建议。使社会组织的发展迈上新的台阶，在更高的层面上发挥更大的作用。

结　语

当前，我国正处于实现"四个全面"战略布局的关键时期。在经济新常态下，云南省社会发展面临着亟待解决的深层次矛盾，社会治理已成为当务之急，并且逐渐形成政府、市场和社会组织三足鼎立、互为倚重的社会治理总体格局。云南省社会组织作为社会共治体系不可或缺的部分，在社会治理中的关键性作用已成共识。社会组织参与社会治理既是现实需要，又是中国人民探索实现民族复兴的时代选择。社会组织的良性发展需要多方主体的共同扶持与不懈努力，要坚持不懈地发挥社会组织在现代社会治理中的独特作用，增强社会组织的自我增权能力，培育和扶持有能力、有影响力的社会组织充实社会治理力量。

子报告篇

子报告1 当代西方国家发展非政府组织动态研究

国内对社会组织的理解，一种有代表性的观点是：在政府和各类不同经济主体之外的那个层面，就是人们常说的社会组织。①这一界定接近于国外所称的"非政府组织"（NGO：Non - Governmental Organization）、"非营利组织"（NPO：Non - Profitable Organization）、"第三部门"和"第三域"（Third Sector）、"非政府公共部门"（Non - Governmental Public Sector）、"志愿部门"（Voluntary Sector）、"利他的部门"（Altruistic Sector）等。泛指由相同利益需求主体自发成立的，具有非营利性、非政府性、自治性和社会性等特征的各种公民组织②，其资金来源包括政府资助、企业（或个人）捐赠和服务收费③。20 世纪 80 年代以来，在"全球社团革命"的大背景下，这些组织在世界范围内得到

---

① 游明信：《培育和发展社会组织浅析》，《经纪人》2001 年第 9 期，第 20 ~ 25 页。

② Lester M. Salamon & Helmut K. Anheier, "The Civil Society Sector," *Society* 2 (1997).

③ Word Bank, "Outsourcing Social Services to CSOs：Lessons from Abroad," June 2009.

了迅速的发展。长期以来，非政府组织一直是国外特别是发达国家经济学、社会学、政治学研究的前沿问题和热点问题之一，并且，随着非政府组织的发展，一些国家也逐渐形成了关于非政府组织管理的相对完整的政策。加强对国外特别是发达国家非政府组织理论的研究，总结它们关于非政府组织的政策经验，对加强我国社会组织的理论研究、促进我国社会组织的健康发展，无疑具有重要的借鉴意义。

目前世界上有各类非政府组织数百万个，其中国际性非政府组织数量超过 35 万个，国际组织中 90% 以上都是非政府组织。美国目前登记在册的非政府组织有 100 多万个，而且每年大约新增 6 万个。① 发达国家政府通过鼓励、培育各种非政府组织，逐步把一些传统意义的社会治理职能通过多种形式转移给它们承担。尤其是在社会服务领域和福利领域，政府不便或没有足够财力和精力去做的事情，由贴近居民、自发组织的非政府组织来承担，往往效率更高，解决问题更为直接方便，同时可以培养社会共同体意识、增强社会的凝聚力。在发达国家，非政府组织作为公共利益或弱势群体的代表，已从一般领域进入环保、社会服务、教育、医疗卫生、文化等社会公共服务部门的核心领域，具有法律法规健全、资金来源多元化、与政府互利合作、监督体系完善等特点，在提供公益服务、动员社会资源、研讨公共政策、广泛征集民意等方面发挥了极其重要的作用。非政府组织的发展已经展现了欲与国家、市场"三分天下有其一"的强劲势头。在当代的西方社会，人们不约而同地开

---

① 孙涛：《发达国家完善社会治理体制的经验》，《学习时报》2015 年 8 月 13 日，第 5 版。

始逐渐承认一个事实：非政府组织已经成为政府决策过程中不可或缺的角色。

一　税收政策优惠

非政府组织在美国的经济和社会发展中占有重要的地位，因此历届美国政府对于非政府组织尤其是公共服务领域的非政府组织的发展非常重视，也针对非政府组织出台了多项政策，其中最为关键的就是税收优惠政策。美国的税收优惠包括两方面：一是对非政府组织本身的免税，二是对向特定非政府组织捐赠的个人和组织予以免税。

美国法律规定，一旦经过美国国税局审核通过，凡享有免税资格的非政府组织均可获得与组织宗旨相关的收入免税待遇，但从事与组织无关的商业行为仍需照常纳税。针对非政府组织的免税政策，可以在相当程度上减轻非政府组织的经济成本，也可以促使相关社会公益服务领域的组织更多地以非政府组织的身份进行登记和活动，有助于推动全美非政府组织的普及。个人和组织向特定非政府组织的捐赠可以减免税收，税收政策的杠杆调节，可以使民众和企业对于非政府组织的捐赠和支持热情进一步提高，从而有助于促进美国非政府组织的发展壮大。

美国实行税收减免的普惠制，因此涉及的非政府组织数量和相关资金数额都很庞大。而美国的非政府组织通过这些税收政策，获得了可观的资金支持，这在客观上也为美国非政府组织的独立运营和发展奠定了坚实的基础。对于非政府组织的帮扶，通过税收杠杆不仅可以避免国家因为资金扶持而对非政府组织的过度干涉，而且可以减轻相关政府部门的资金帮扶压力，更保证了非政府组织的稳定资金来源，为非政府组织持续向社会提供大量优质和高效的服务提供了保障。①

英国慈善组织在登记后，需向英国税务及海关部门申请承认。英国针对慈善组织的税收优惠也包括两方面。一是慈善组织免缴大部分直接税种，在所得税方面，补贴、捐赠以及类似收入都不需要缴税。二是针对捐赠者的税收优惠，英国对慈善捐赠实施税收减免，个人和企业向慈善组织的现金捐赠都可以享受减税。

二　政府采购和财政支持

在公共服务改革方面，美国主要表现为服务外包，即通过公共财政给非政府组织配置资源，以促进公共服务的社会化。自20世纪80年代美国政府大力推行公共服务改革至今，在公共服务民营化和政府扶植非政府组织的背景下，美国公共服务领域的非政府组织开展了大量成果显著的工作。

为了使非政府组织能够更好地承担起向社会提供优质公共服务的责任，美国政府一方面为非政府组织参与公共服务开放了大量的活动空间，另一方面通过采购的方式将部分公共服务职能转交给非政府组织来履行，以此为非政府组织发展提供相应的资金支持。

美国政府在推动非政府组织发展的过程中，通过有意识地设立一些项目，搭建相关的平台来促进公众和政府其他部门参与非政府组织的发展。美国政府的措施主要分为两类：一是鼓励民众对非政府组织的志愿参与，二是引导和帮助非政府组织加强自身

---

① 　郑琦：《美国如何培育社会组织》，《求知》2013 年第 2 期，第 59 ~ 60 页。

的管理和能力建设。

德国是欧盟成员国，在政府采购公共服务领域，除了作为欧盟成员国要遵守欧盟关于政府采购的相关法律和规定外，德国还要遵循本国联邦、州、地方三级政府的法律法规。欧盟和德国的政府采购原则如下。一是民法自治原则，即政府部门在进行政府采购时，与公共服务和产品的提供商一样都是平等民事主体，二者的采购关系是私法自治意义上的民事合同关系。二是预算法定原则，即政府采购项目和采购金额严格按照本国立法机关批准的预算法执行。三是平等待遇原则，即所有公共服务的提供机构都享受平等的技术标准待遇。四是公开透明原则，即政府采购应当在公开和有监督的状态中进行。五是充分竞争原则，即政府采购要求公开招投标，并进行严格监督。六是非歧视原则，即禁止基于地域因素排斥外来服务。

欧盟于1992年颁布了关于公共服务采购的分类规定，将采购服务划分为"优先"和"非优先"两类。优先服务包括道路交通运输、科技研发、计算机应用等，非优先包括铁路交通运输、法律服务、教育及职业培训、健康与卫生服务等。根据欧盟的规定，优先服务购买必须严格按照欧盟的规定执行，而非优先服务购买则须遵循非歧视和透明度原则，由于一般社会公共服务多属于非优先服务，所以欧盟各成员国可以在遵循欧盟相关原则和规定的情况下自行设定本国规定。此外，欧盟还明确了需要采购的服务范围，政府采购公共服务的资金必须来自有保障的财政项目，还要有相应的法律依据；同时欧盟还要求各成员国加强对非营利组织的资格审查和评估，并以评估结果作为政府后续采购项目的重要依据和参考。

三 重视对非政府组织的人才培养

美国的大学是非政府组织人才培养的要地，其中包括非政府（非营利）组织管理专业、社会工作专业、公益创新培训项目。非政府（非营利）组织管理专业一般设在各大学的公共管理学院内，其教学注重面向社会实际，开设的课程不仅包括政治学、公共管理学等，还涵盖会计学、信息网络管理、运筹学等。社会工作专业早在 20 世纪初便已开始在美国大学设立，当今的美国社会工作专业教育属于职业教育，注重实践环节的锻炼，同时也重视培养学生的社会工作经验。由全美各大高校陆续开展的公益创新领域的研究与教学工作，如今已经越来越多地同美国企业孵化器及社会发展方向相结合，正在为美国非政府组织的发展提供源源不断的人才和价值理念。

美国非政府组织的人才，主要来源于几个方面：一是卫生、医疗、社会工作、工程技术、传媒等方面的专业人士；二是在社会工作领域有着专业资质或者拥有丰富经验的相关从业者；三是政府或者企业相关高层中拥有较高声誉和出色行业管理经验的管理者；四是掌握外语能力并且拥有海外工作、学习和生活经验的人；五是经常参与志愿活动，对从事特定群体服务工作有强烈兴趣并且有奉献精神的人士。

美国非政府组织人才的招募渠道主要分为两类：一是传统线下招聘模式，二是互联网线上招聘模式。传统线下招聘模式主要包括校园招聘、人才市场招聘、在职人员招聘、实习生招聘、在报纸杂志以及其他传媒上发布招聘广告、与其他非政府组织联合招聘等。而随着互联网的发展，美国的非政府组织越来越多地开始采用线上招聘模式，通过向全美的求职者开放信息发布和就业申请网上平台，提高招聘的效率及提升人才与自身的契合度。

由于美国的公民社会成熟度较高，所以美国的非政府组织不仅种类繁多而且大多组织结构明晰，涵盖美国社会生活的方方面面。除了直接参与提供公共服务和从事社会工作的非政府组织外，美国还有大量为非政府组织提供专业培训、咨询的服务机构。在美国非政府组织的员工职业培训，以及人才队伍建设和专业技能提升方面扮演重要角色的当属美国社会工作者协会，它既是社会工作者的专业组织，同时也是行业自律组织。另外，美国社会工作者协会还承担了对社会工作者的从业资格认证工作，以及为此建立了社会工作者考试制度。

德国的高等教育机构可以概括地分为两类：一类是秉承精英教学并且注重基础理论和学术研究的综合性大学；另一类是二战后发展起来的以职业为导向的应用科技大学，其主要目的是培养学生的实务技能和职业能力。因此，很多德国非政府组织的人才培养是由应用科技大学的相关专业完成的，而且就读于应用科技大学的学生在毕业时，往往可以获得相应专业领域的从业资格，从而作为拥有合格职业技能的专业人才进入市场。

另外，德国发达的职业教育体系为非政府组织专业人才深造和培训提供了广阔平台，在培养专业人才时德国采取的是"双元制"。双元制作为学徒制的衍生品，主要采取校企合作的方式，经费大部分由用人单位承担。为推动社会工作专业促进非政府组织的发展，2007年改革后，德国开始实行获得社会工作专业文凭者同时可获得社会工作和社会教育双学位的制度，学生在获得社会工作专业学士学位的同时可获得社工师的国家认证，可以直接进入社会工作领域就业。德国应用科技大学公共卫生领域的专业设置偏向实际应用，公共卫生专业的学生在毕业时也可以像社会工作专业的学生一样获得学位证书和德国及欧盟的职业资格。

德国的非政府组织人才培养具有很强的针对性，比如非政府组织的工作者可以通过网络渠道获得完善的职业培训信息，包括传统的双元制、应用科技大学专业培训、职业技术继续教育等，而职业培训网站的短期课程、网上学习，还有长期社会实习等为德国培养了大量非政府组织工作人才。此外，非营利部门是德国非政府组织的一大特色，德国形成了从上到下的伞状非政府组织体系，由联邦志愿福利组织联合会和下属的六大福利联合会以及众多的州、地方级别分支机构构成的全德非政府组织工作网络，为德国社会组织的会员提供了形式多样的教育资源和培训服务，这对于我国推进社会组织的建设和发展有着很好的借鉴意义。①

德国是世界上志愿者群体活动最为踊跃的国家之一，德国人从事志愿服务的热情同德国国内良好的制度保障及志愿文化密不可分。德国联邦政府先后颁布了多部关于促进志愿服务和非政府组织发展的法律，并且出台了财政税收减免和替代兵役等政策，以此来鼓励志愿服务和非政府组织的发展。德国鼓励非政府组织志愿者的招募，各级政府部门和社会各界都重视志愿者专业能力的培养和发展。同时，德国联邦政府鼓励、支持并引导非政府组织开展各类社会公共服务领域的志愿者培训活动，以此来增强非政府组织志愿者的专业素质，政府还通过上述的六大福利联合会设立专门培训志愿者的机构，以促进志愿服务的统一和普及。

---

① 郁建兴、任婉梦：《德国社会组织的人才培养模式和经验》，《中国社会组织》2012 年第 10 期，第 46 ~ 49 页。

四 非政府组织的运作管理规范和人员分工明确

美国的非政府组织历经二百多年的发展，目前已经形成一整套符合美国国情且配套完备的管理和运作模式。美国非政府组织的批准登记较为简单快捷，主要是电子申请的形式。申请材料的内容主要包括该非政府组织的性质、运作计划、服务宗旨以及理事会成员等。美国的非政府组织，主要由理事会、执行总裁（CEO）、工作人员构成，分工详细而明确。

美国非政府组织的理事会主要由出资人、社区居民代表以及知名人士和社会工作者构成。执行总裁由理事会聘用，主要负责执行理事会的计划和任务。工作人员通常由执行总裁来确定和聘用，主要协助执行总裁完成相关计划和从事具体工作，并且在日常工作中确保该组织运作正常。

英国的慈善组织早在 18 世纪就建立起了一系列相应的组织机构和管理规范。首先，英国的慈善组织以会费制为基础，某些人如果对某些慈善事业比较感兴趣，并希望成立相关社团或组织，或者想成为某些社团和组织的成员，必须在组建或者加入社团时缴纳一定的入会会费并且保证每年还要认捐一部分数额的分摊会费。其次，英国的慈善组织会员享有相应的权利，比如选举和被选举权以及表决权等，此外会员还有获得救助的权利。比如1787 年成立的肯特慈善医疗协会规定，会员去世后，在符合条件的情况下该会员的遗孀或者子女享有获得救助的权利。①

经过数百年的发展和改进，当今的英国慈善组织建制已经较

①　姜鹏飞：《18 世纪初英国慈善事业组织和运行机制初探》，《首都师范大学学报》（社会科学版）2010 年第 6 期，第 23 ~ 29 页。

为完善，其中管理层由以会长为首的行政职员和以财务主管为首的财政职员组成，行政职员由全部认捐者和赞助人组成，财政职员一般由认捐者担任。同时，慈善社团或机构一般会聘请牧师参与宗教指导工作，医院、诊所等专业性较强的机构必须配备专业人士如医生、药剂师、护理师等，值得一提的是，这些专业人士不仅可以利用他们的专业技能和知识，还经常负责组织的管理工作。大多数英国的慈善组织以章程与规定作为守则，保证组织规范、运行有序，每个慈善组织在成立时必须以书面形式记录备案，以保证日后运行的有章可循。此外，慈善组织都具有民主的决策机制：一是投票表决，二是少数服从多数。

在资金来源方面，英国的慈善组织主要通过多种渠道的筹资机制，包括年费认捐、一次性捐助、遗产捐赠、公开场合募捐、慈善演出等方式获得经费。英国还详细规定，慈善组织不得将利润用于分配红利，支出必须用于慈善目标。在解散时，慈善组织必须将资产转移到其他慈善组织。慈善组织拥有严格的约束机制，包括行政和财务的监督机制，也包括惩罚机制。其中，行政监督机制主要是年会审查和上级部门对下级单位的抽查和视察等，财务监督机制主要是通过特别委员会或者审计员进行监督和审计。

五　非政府组织有明确的法律框架

德国拥有完善的法律调控机制，除联邦法以外还有州和地方立法等不同层级法律。德国管理非政府组织的法律体系以《德国基本法》和《德国民法典》为基础，以《德国联邦社团法》为重要补充。健全的法律体系和规范有序的法治管理框架为德国非政府组织的规范有序运行提供了坚实的保障，也对德国非政府组织的法律地位和权利能力做了清晰的界定。

德国有明确的法人形式，非政府组织按照法人形式分为社团法人和财团法人。同时，德国也存在部分混合型的慈善团体和慈善公司，它们的正式名称往往是基金会，但它们实际上是以公司方式运营的非政府组织。在德国，行业协会和商会也是非政府组织的重要组织形式，但根据德国的法律规定，商会多属于半行政机构的组织，而行业协会则是完全属于非行政机构的组织，从事经济行为的企业必须加入商会，而对于行业协会的入会条件和细则则没有明确规定，加入行业协会属于自愿行为。①

德国的法律对于非政府组织还规定必须依法进行登记，同时非政府组织的登记与监管要分开由不同部门执行。非政府组织的登记机关主要是地区法院，需由非政府组织自身的理事会进行申报，再经过地区法院核准。德国法律对于非政府组织内部监督有明确规定，按照《德国民法典》的规定，正式登记的非政府组织必须设立两个必要的机关即理事会和全体会员大会来进行内部事务的管理；另外，《德国民法典》明确了理事长和全体会员大会的权利和义务关系。同时德国还鼓励社会监督，通过法律赋予相关第三方民间机构进行监督的权限，以及通过授予公众申请查阅非政府组织内部资料和公开信息的权利，鼓励社会对非政府组织进行监督。

英国的慈善组织法律框架有着比较完善和合理的制度设计，对很多国家有着较大影响。在英国，慈善组织和一般非营利组织

---

① 赵伟媛：《德国社会组织法治化的经验和启示》，《法制论坛》2013 年第11 期，第146～147 页。

有着明显的界定，非营利组织不一定是慈善组织（如互助型的非营利组织——工会），而非营利组织想要成为慈善组织必须有法定的慈善目的。英国早在 1601 年的《慈善用益法》中便首次列举了慈善目的的范围；在 1860 年出台《慈善信托法》，并成立了全国性的常设机构——全国慈善委员会，它被赋予了调查权、干预权等实质性权力，并直接对议会负责。

英国慈善组织的法律形式主要分几种，分别是：信托、非法人社团、担保有限公司、工业及互助委员会、慈善法人组织等。其中，信托具有成立简单和运营成本低的特点，非法人社团主要是全国性慈善组织的分支机构，担保有限公司由于具有法人资格故可以依据合同提供慈善服务，工业及互助委员会具有悠久的历史传统且公众对它的认知度较高，慈善法人组织适合需要签署合同的中小型慈善组织。①

六 非政府组织有健全的监管机制

英国的非政府组织监管，历经 400 多年的发展，主体已经从慈善监督专员演变为慈善委员会，形成了具有英国特色的模式。英国监管慈善组织的法律机制主要包括：监管机制的统一、准司法机制、分类注册监督、分类报表监督、分类审计监督等。②

监管机制的统一，意味着涉及慈善组织监管的工作由英国的全国性机构负责，英国慈善委员会由决策层和执行层构成，而整

---

① 王世强：《英国慈善组织的法律形式及登记管理》，《中国社会组织》2012 年第 8 期，第 49～52 页。

② 李慧敏：《英国慈善委员会的监管机制：形成、特点与发展趋势分析》，《鄂州大学学报》2015 年第 9 期，第 37～40 页。

个监管机制的统一，可以使得监管的权威性和专业性得到很好的保证。

准司法机制主要是通过英国慈善委员会在不断发展中确立的诉讼和裁判权实现。虽然英国皇家检察总长对以慈善为代表的公共利益有保护的职责，但是具体的调查权属于慈善委员会，而且在司法实践中调查权和诉讼权往往合并行使，这使得慈善委员会逐渐具有了很多司法上的权力。而根据英国的实际情况，慈善委员会还具有议会赋予的诸如冻结、查封甚至控制、裁判等准司法权力。

监管的分类机制主要包括三类：一是分类注册监督，二是分类报表监督，三是分类审计监督。分类注册监督，随1960年《慈善法》的颁布正式确立，注册在英国分为强制注册和资源注册，主要根据慈善组织在社会活动中的年收入来确定，这种机制很好地保证了有限监管力量的效率最大化，避免了不必要的监管资源浪费。分类报表监督，逐渐确定于2000年以后，英国的分类报表监督制度的目的就在于通过要求慈善组织提供真实财务状况，让民众充分而真实地了解这些组织的运作和活动状况。分类审计监督，就是对于不是公司法人的慈善组织，根据其自身的收入或者注册资产的不同，采用专业的年度审计制和独立财务官检查，以此来确保慈善组织的运作符合慈善委员会的规定和大众对慈善组织的预期。

从英国慈善监管的发展趋势看，一是慈善组织的监管由静态监管转向动态监管，慈善委员会将不断地修订指导规则，要求慈善托管人建立明确而清晰的风险控制方案和适当的组织管理措施以确保其组织运作的合法。二是建立慈善委员会与地方政府合作监管机制，未来将逐渐形成英国的全国与地方联动监管慈善组织的局面，以便于有序地协调和安排慈善募捐，维护公众对慈善组织的信任。三是公共利益报告具体化、规范化，咨询指导、信息服务职能更加突出。英国慈善组织的信息服务职能，主要是信息披露。首先是慈善组织结构、管理信息的披露，其次是慈善组织业务信息的披露，再次是慈善组织管理支出信息和审计报告的披露，最后是财务预算及业绩评价信息的披露。

子报告 2 政府职能转变与社会组织
发展互动关系研究

政府与社会之间是相互影响、相互制约的关系。一方面，政府职能转变的实质是政府治理模式的变革，而政府治理模式的变革则是政府对社会变革的回应，社会变革规定了政府变革的方向和内容；另一方面，政府治理模式的变革也规定和制约了社会变革的性质和程度。政府与社会间的这种互动关系要求我们把政府职能转变与社会组织的发展纳入同一个整体分析框架中。在我国行政体制改革的大背景和服务型政府建设的主旋律下，简政放权、政企分开、政事分开、政社分开等政府职能转变的各种改革结果是，社会组织承担了越来越多由政府部门让渡的社会管理和公共服务职能，在政府、市场、社会以及微观企业主体之间发挥着越来越重要的积极作用，社会组织无论是在规模上还是在功能上都得到了较大提高。

一 政府与社会的互动理论

政府与社会间相互影响、相互制约的关系极为复杂，需要从多维的角度进行思考。

（一）制度供给的视角

社会在剧烈变革或转型的过程中，往往会出现制度短缺的问题。也就是说，当社会在较短的时间内产生大量新的社会关系时，原有的制度系统难以对这些新的社会关系进行充分有效的制度约束与引导，从而出现制度供给的不足或短缺问题。制度的短缺又必然带来一个这样的问题：由谁来供给新的制度，以实现制度供给与需求之间的平衡。关于制度供给的主体，现代化范式强调政府，而本土化范式则强调社会或民众。实际上，政府供给与社会供给是制度供给的两种基本模式。这两种供给模式各有优缺点。

（1）政府供给模式的优点。一是政府能够动用巨大的人力、物力和财力资源，在较短的时间内向社会提供大批新的制度，满足社会迫切的制度需求。二是政府能够站在全社会利益的立场上设计和供给新的制度，使这些制度摆脱局部利益的影响。三是政府能够运用其政治上、经济上、法律上、道义上、舆论上强大的影响力，迅速地在社会中推行这些新的制度，使这些制度为社会所接受。四是政府供给的制度一般是在全社会普遍适用的制度，因而这些制度的施行有利于形成统一的社会经济、政治、文化生活秩序，打破地方割据与地方保护主义。五是政府可以在社会关系形成之前或之初供给相应的制度，从而有意识地引导、保障和推动社会关系的形成与发展。

（2）政府供给模式的局限性。一是政府的制度偏好有可能与民众的制度偏好、社会的实际需要有所偏离甚至完全背离。政府不是全知全能的神，政府设计与供给的制度有可能不符合社会的实际情况或者民众的需要。二是政府的能力是有限的。如果政府试图强制推行不为民众所自觉认同或接受的制度，那么这些制度即使能在一定时期内存在，也不可能真正内化为社会生活的秩序。三是政府供给模式的成本往往比较高昂。这一成本包括政府设计和推行制度的成本以及民众学习和接受制度的成本。四是那些政府供给的不好制度可能会使社会付出巨大的代价。

社会供给的制度是民众自己在长期的社会生活中创造或转化而来的，本身就与社会生活具有亲和性，无须国家强制力作后盾，这是社会供给模式的优点之一。优点之二是，民众自己创造的制度反映了当地的自然条件、社会条件，具有很强的适应性与生命力。优点之三是，社会供给的制度是由民众自己创造的，一般也能为民众自觉地认同和遵守，因而其产生和运作的成本较低。

社会供给模式的缺点如下。一是社会孕育和生成某种制度往往要经历一个较长时期的、缓慢的过程，并且往往滞后于社会关系的发展，因而无法满足急剧变化的社会生活的需要。二是社会供给的制度往往具有很强的地域性、特殊性，表现为一种地方性知识、规则和秩序，不易上升为一种能普遍推广和适用的制度。三是社会供给的制度如果得不到政府的支持，而仅凭社会自律机制的维持，有可能会被少数不遵守制度的人所破坏。四是对于某些成本较高而收益较低或者没有收益的公共制度，如公共福利、社会救济方面的制度，由于私人往往缺乏创新的积极性，因而一般只能由政府来供给。

从上面的分析可以看出，在现代社会，政府供给和社会供给这两种制度供给模式都是不可或缺的，而且很难分出主次高下。

（二）市民社会的视角

市民社会理论所关注的是，现代市民社会与现代国家（政府）之间的关系问题。市民社会与国家是彼此独立而又互相影响、互相制约的。从国家的角度看，它对市民社会的功用主要表现在两个方面：一是国家承认市民社会的独立性，并为市民社会提供制度性的法律保障；二是国家对市民社会进行必要的干预和调节，为市民社会的活动确立对人人、事事适用的普遍法律规则，对市民社会自身无力解决的矛盾或冲突进行协调。而从市民社会的方面看，它对国家的作用也主要表现在两个方面：从消极意义上说，市民社会具有制衡国家的力量，亦即市民社会在维护其独立自主性时力争自由并捍卫自由，使自己免受国家的超常干预和侵犯；从积极意义上讲，市民社会的发展培育了多元利益组织，这些组织发展到一定的阶段，便会以各种不同的方式要求在政治上表达它们的利益，在这一意义上，市民社会为民主政治奠定了坚实的社会基础。显而易见，中国市民社会与国家的良性互动乃是二者间的一种双向的适度的制衡关系；透过这种互动，双方能够较好地抑制各自的内在弊病，使国家所维护的普遍利益与市民社会所捍卫的特殊利益实现符合社会总体发展趋势的平衡。

建构中国市民社会，同样是国家与市民社会的互动过程。一方面，国家在从上至下推动改革的同时，加速转变政府职能，主动地、逐渐地撤出不应干涉的经济社会领域；另一方面，社会成员则充分利用改革的有利条件和契机，有意识地、理性地由下至上推动市民社会的营建。这一过程首先集中和反映在经济领域，继而逐步进入"公域"，社会成员参与和影响国家的决策，并与国家形成良性的互动关系。

市民社会理论为我们认识国家与社会间互动关系提供了一个十分重要的视角，它还进一步让我们去思考"在国家面前，个人是如何通过建制化的社会组织，与之发生关系的""社会与国家的互动关系又是如何实现的"这样一些充满现实意义和学理价值的问题。

（三）政治合法性的视角

根据现代政治理论，国家的合法性取决于社会成员的接受和承认。社会成员对国家（民主和社会福利等方面）的要求的急剧扩张，使国家的能力受到挑战，其合法性陷入危机之中。因此，国家或政府的合法性问题，成为当代政治的一个基本难题。哈贝马斯认为，克服当代资本主义国家合法性危机的出路在于让自发、非政治化的社会有机体健康发展起来。在某种意义上，这意味着对市民社会的重构。哈贝马斯用以"治疗"西方资本主义国家合法性危机的方案对中国市民社会的建构很具启发意义。只不过，对于中国来说，不是重建市民社会的问题，而是创建市民社会的问题。对于国家来说，大包大揽必然导致全民对国家寄予完全的政治与经济预期，既然国家不可能真正是全能的（事实已证明了这一点），那么预期与现实间差距的出现是必然的，而这会导致人民对政府合法性的怀疑。因此，社会的强大可以减轻国家所背负的合法性压力。

事实上，改革开放以来，中国社会的发展已经出现了这样的局面。在几乎没有社会自主活动空间的情况下，人们在现实生活中遇到的几乎任何问题都需要由政府及其各级代理机构解决，从就业到家庭矛盾，事无巨细，人们都认为政府应该管，而且应该管好。一旦问题解决不好，迁怒于政府的代理机构乃至迁怒于政府是很自然的。这样，政府的合法性基础直接和人们日常生活中大量的事务性问题能否得到满意的解决密切相关。在改革实践中，政府角色逐渐转化，比如单就经济领域而言，政府从宏观到微观的直接控制逐渐转向只提供一般性规则，这一转向导致社会在经济活动中的自主活动空间大为扩展。与此相应，逐渐地，人们在经济活动中所寄予期望的对象就不再仅仅是政府，甚至不再主要是政府了。人们逐渐开始认同这样的看法：只要政府能保证提供公平的竞争环境，个人的下岗、法人的破产等问题就不应归咎于政府。民间的"从前找市长，现在找市场"的说法，确实标志着国家合法性压力的被释放。可见，从合法性问题的角度考虑，国家对建构市民社会的认同极为必要。

二　政府职能转变呼唤社会组织的发育

政府职能转变对社会组织的发展提出了客观要求，促进着社会组织的发育，这可从以下两个方面进行分析。

（一）　政府职能转变促进社会组织的产生和发展

党的十八届二中全会指出："转变政府职能是深化行政体制改革的核心。"法国治理学者皮埃尔·卡蓝默提出，全球公共管理当前的主要问题是"关系革命"而不是机构改革。[①] 对于转变政府职能，不是单纯地强调政府人员的缩减和政府规模的缩小，而应注重对公权力进行优化重组，明确政府职能要素的权力边界，实现公权力的多中心配置。

当前，政府职能转变涉及两方面的内容。一是高效用权，针对经济社会发展中公共需求快速增长与公共服务供给短缺之间的矛盾日益尖锐，以及医疗、教育、社会保障与住房问题日益严峻，应以创造良好发展环境、提供优质公共服务、维护社会公平正义为目标，强化政府的社会治理和公共服务职能。当然，政府职能重心的位移，绝不意味着一种职能对另一种职能的替代，只

---

① 皮埃尔·卡蓝默：《破碎的民主：试论治理的革命》，生活·读书·新知三联书店，2005，第165页。

有充分发挥政治职能的保障性作用，充分发挥经济职能的基础性作用，才能充分体现出社会主义制度的优越性，更好地发挥政府的社会治理与公共服务职能，而政府社会治理与公共服务职能的强化既是社会主义国家的本质要求，又进一步体现了人民当家做主的主权地位。二是以深化行政审批制度改革为核心进行合理分权，推进政企分开、政社分开、政资分开、政事分开。其中，以分权共治为导向推进政社分开，就是要还权于民，调整政府与社会之间的关系，把政府不该管、管不了、管不好的职能转移给各种社会组织来承担，推进基层社会自治建设和充分培育社会组织。如此，政府职能转移，为社会组织留出了广阔的生存、发展空间。

（二）行政审批制度改革促进社会组织的产生和发展

转变政府职能是中国机构改革的关键环节，而减少行政审批事项是转变政府职能的切入点。以行政审批制度改革为突破口，通过简政放权来激发社会组织的活力，扩大社会参与的空间。较长一段时期内，作为计划经济条件下政府管理经济社会基本手段和方式的政府审批制度，并没有随着市场经济的发育而得到大刀阔斧的改革。一些部门仍然希望通过审批，实现对某个行业或某种市场行为的控制，致使少数人、少数部门享有特权，垄断市场，形成"政府权力部门化，部门权力个人化，个人权力利益化"问题，违反了公平、公正、公开的原则，影响了市场机制配置资源的作用。在经济领域改革不断向纵深发展的今天，行政审批制度已到了非改革不可的地步。

行政审批制度改革的重点体现在两个方面。一是要彻底清理行政审批事项。对不符合政企分开和政事分开原则、妨碍市场开放和公平竞争以及实际上难以有效发挥作用的行政审批，要坚决予以取消；凡是可以用市场机制代替的行政审批事项，都要通过市场机制运作。二是要规范行政审批。要依法明确界定行政审批权的设立范围、权限和程序。对确需保留的行政审批事项，要规范操作、简化程序、公开透明、明确责任。

目前，从中央到地方，行政审批制度改革正在向前推进。截至 2014 年 8 月，新一届政府已经分批取消和下放的行政审批事项总计 463 项，并且全面启动清理非行政许可审批，这些加上社会组织"双重管理体制"的解体，为社会组织的成长与发育带来了新契机。为依法推进社会组织直接登记改革，民政部已完成《社会团体登记管理条例》的修订工作，并上报国务院通过；并且还出台了《基金会管理条例》《民办非企业单位登记管理暂行条例》的征求意见稿。国家通过这些制度创新与制度建设，创造有利于社会组织发展的政策环境与制度空间。这些将为一批新的社会组织的诞生以及已有的社会组织拓展新的活动空间营造宽松的行政环境。

（三）法治建设促进社会组织的产生和发展

法治是政府与社会的互动以及社会良性发展的最基本保障。从国务院到地方政府，新一轮政府职能转变所要遵循的一个重要原则，就是按照依法治国、依法行政的要求，加强行政体系的法制建设，以实现政府机构、职能、编制、工作程序的法制化。李克强总理指出："政府在减权放权的同时，要以刚性的制度来管权限权，厉行法治，依法行政，建设法治政府。"[1] 政府职能和工作程序的法制化不仅是政府职能转变的要求，而且是社会组织健康发展的要求。

---

① 李克强：《简政放权　放管结合　优化服务》，《中国行政管理》2015 年第 6 期，第 6 页。

改革开放以来，中国的社会组织获得了长足的发展，并产生了像中国青少年基金会（中国青基会）这样举世瞩目的组织及其"希望工程"如此显赫的业绩。近年来，我国政府出台了一系列环保法律法规，从而催生了新的环保社会组织。同时，劳工议题、扶贫以及法律保护等以往被官方严格控制的社会领域不仅逐渐向社会开放，而且允许市民参与。国家正通过颁布法律法规，以及放开相关政策领域，引导社会力量的参与。可以说，30多年来中国社会组织的发展与法治建设是分不开的，它的发展与行政体系的法制建设是同步的，它的进一步发展离不开一个良好的法律制度环境。因此，在政府职能转变的过程中按照依法治国、依法行政的要求，加强行政体系的法制建设，实现政府机构、职能、编制、工作程序的法制化，对社会组织的发展无疑具有特别重要的意义。

三　社会组织发展是政府职能转变的动力

政府职能转变与社会组织发育是相互依赖、相互制约、相互推动的。政府职能转变影响社会组织的发育，社会组织的成长则推动着政府职能转变。社会组织的成长及其功能的发挥对政府职能转变的作用主要体现在以下几个方面。

（一）承担政府职能转变中让渡出来的微观管理和服务职能

我国社会组织主要包括社会团体和民办非企业单位等形式。根据我国现行法规，社会团体（简称"社团"）是由中国公民自愿组成，为实现会员的共同意愿，按照章程开展活动的非营利性社会组织，主要包括协会、学会、联合会、研究会、基金会、联谊会、促进会、商会等。社团的主要功能是作为一定社会群体共同意愿或利益的代表，为实现该社会群体的共同意愿而开展各种公益性活动；其社会定位是作为政府与社会相互沟通联系的桥梁与纽带，负有一定社会行为规范职能的社会组织。民办非企业单位是由企业事业单位、社会团体和其他社会力量以及公民个人利用非国有资产举办的、从事公益性社会服务活动的非营利性社会组织，主要包括各种民办的学校、医院、福利院（敬老院、老年公寓等）、社区服务中心（站）、职业培训（介绍）中心、研究所（院）、文化馆（所）、体育设施等。民办非企业单位的主要功能是面向社会，为满足人们的社会需要而开展服务活动；其社会定位是凭借专业知识和技能服务于社会的非营利性组织。①显然，这些社会组织在很大程度上承担了政府职能部门让渡出来的事务，有些则直接来源于政府部门。

（二）成为政府与市民社会之间的枢纽

市民社会的形成，使社会成员间的联系开始多样化、复杂化。它虽然使政府的控制范围缩小，控制力度减弱，控制方式改变，但对减轻政府负担有积极作用，因为它提高了社会抵御经济、政治动荡的能力，所以市民社会的初步形成，是中国政治、经济进步的一个"生长点"。但这并不等于政府和市民社会可以相安无事、各行其是。政府的政令能否上通下达、政府的决策能否反映这些新生的社会力量的利益和发展要求，这些新生的社会力量的愿望能否得以表达或实现，它们自身出现的问题能否得到妥善的解决，都直接或间接影响政府和市民社会之间关系的好坏。社会组织，会在政府与市民社会之间起到上传下达、下情上达的枢纽作用，从而可以很好地协调

---

① 王名：《中国的非政府公共部门（上）》，《中国行政管理》2001 年第 5 期，第 33 页。

各方面的关系。

（三）　有助于避免新一轮的"精简—膨胀—再精简—再膨胀"的循环怪圈

在中国，有一种根深蒂固的观念，就是有问题找政府、找单位。政府是公共利益的代表，它的职责就是解决社会生活中个人和社会无法解决的问题。所以，可以得出一个简单的结论：社会组织越多，越规范，它们解决社会问题的能力就越大，需要政府解决的问题就越少，政府就不用也不需要增添机构和人员；相反，社会组织越少，社会自身解决问题的途径就越少，积累的问题就越多，政府就必然要拿出精力来管这些问题，相应的机构就要增添，人员就要扩充，就不可避免地导致机构膨胀。

当然，影响机构设置的因素很多，不能简单地把社会组织变成和政府机构设置一一对应的唯一因素，但应清醒地看到，社会组织在缓解政府机构设置压力方面有着巨大作用。比如，如果司法制度很完备，从事律师职业的人员素质非常高，人们运用法律解决自身问题非常方便，那么，有问题就会求助于律师和司法部门，而不是找政府，这时，政府的各级信访办就可以撤销。现在中国政府正面临着一个十分尴尬的局面，一方面它要实现体制创新，另一方面它又不能不承担旧体制所遗留下来的问题。因此，这次机构改革要达到的目标与所面临的问题和难度是任何一次机构改革所无法比拟的。如果没有大量的、强有力的社会组织帮助政府解决一些具体问题、承担政府让渡出来的职能，机构改革的成果就很难巩固。所以，社会组织的发育程度，是巩固机构改革成果，避免再度发生机构膨胀的一个十分重要的因素。

（四）　是破解深化政府职能转变难题的关键

推进政府职能转变是处理好政府与市场、政府与社会之间关系的核心环节。党的十八届三中全会通过的《中共中央关于全面深化改革若干重大问题的决定》要求，"凡属事务性管理服务，原则上都要引入竞争机制，通过合同、委托等方式向社会购买"，提出"推进有条件的事业单位转为企业或社会组织""适合由社会组织提供的公共服务和解决的事项，交由社会组织承担""限期实现行业协会商会与行政机关真正脱钩"。这与转变职能、下放权力的行政体制改革重点相呼应，明确了社会组织在承接政府职能转移、参与社会事务管理、提供公共服务中的优势地位。社会组织是政府职能转移的重要承担者，完全可以承担政府部门管理不好或无法管理的社会事务，政府部门向社会组织放权，或与社会组织进行共同治理，能从根本上改变政府管理经济与社会事务的理念和方式，有利于政府职能的转变，有利于推进政事、政社分开，更有利于建设服务型政府。

子报告3 创新社会治理体制下的地方
行业协会商会发展探索

一 引言

随着经济社会的全面发展，行业协会商会作为政府与企业合作的载体和助推器，重要性日益凸显，并受到党和国家的高度重视。党的十六届三中全会指出要积极发展独立公正、规范运作的专业化市场中介服务机构，按市场化原则规范和发展各类行业协会商会等自律性组织。党的十六届六中全会进一步强调，要坚持培育发展和管理监督并重，完善培育扶持和依法管理社会组织的政策，发挥各类社会组织提供服务、反映诉求、规范行为的作用，为经济社会发展服务。党的十七大报告强调要"规范发展行业协会和市场中介组织，健全社会信用体系"。党的十八届三中全会提出："限期实现行业协会商会与行政机关真正脱钩，重点培育和优先发展行业协会商会类、科技类、公益慈善类、城乡社区服务类社会组织，成立时直接依法申请登记。"2015 年 7 月，中共中央办公厅、国务院办公厅印发的《行业协会商会与行政机关脱钩总体方案》对外发布。作为指导行业协会商会改革的纲领性文件，该方案按照厘清职能边界、充分发挥协会商会应有作用等原则，提出了脱钩改革清晰的路线图、明确的时间表、具体的任务书。① 这些为行业协会商会从官办向民办转化，冲破旧体制的束缚，提供了政策支持。

据此，本文分析了地方行业协会商会发展面临的主要困难，进而提出政府、企业、行业协会应该共同参与、互动、合作、协调、互相制约，以在"共建中共享，共享中共建"的多元共治理念指导下，实现地方行业协会商会的良性发展。

二 地方行业协会商会发展面临的主要困难

行业协会商会随着经济改革的浪潮逐步兴起，1993 年党的十四届三中全会首次提出培育和发展市场体系，发展市场中介组织，发挥行业协会商会等组织的服务、沟通、监督作用。此举措为行业协会商会的迅速发展奠定了重要基础，近年来行业协会商会在我国呈高速增长趋势。据民政部统计，截至 2014 年底，我国共有行业协会商会近 7 万个，相比 20 世纪 80 年代末的不足 1000 个，每年以 10% ~ 15% 的速度增长。②

地方行业协会商会是振兴产业的"领军人"、政府企业合作的"代理人"、服务企业的"代言人"，在地方治理中发挥着关键作用。其中，以自下而上方式生成的温州行业协会商会是我国民间商会的领头羊，它积极探索市场取向改革，成果突出，一方面推动温州民营经济发展，另一方面加快温州民营经济体制参与

---

① 《脱钩改革让行业协会商会摘下"红顶"》，新华网，http://news. xinhuanet. com/politics/2015 - 07/10/c_ 128004156. htm，2015 年 7 月 10 日。

② 薛应军：《"摘帽"，行业协会商会起步》，民主与法制时报网，http://e. mzyfz. com/paper/paper_ 6468_ 2470. html，2015 年 9 月 20 日。

社会治理的步伐。例如，在温州服装协会的牵头下，温州服装企业加快了国际化进程，于 2013 年 8 月建成美国平台，统一注册公司，发展仓储订单销售、电商推广等推广和销售渠道，首批入驻企业高达 43 家，该平台帮助会员企业实现美国地区 2013 年的销售额比 2012 年增长 4 倍。[①]

但是由于诸多原因的存在，如政社关系不畅通、法律保障不力、地方行业协会商会自身治理能力低下等，地方行业协会商会功能的发挥受到了制约。培育良好的地方行业协会商会，是事关社会转型的重大举措。

（一）地方行业协会商会政社不分，官办色彩浓烈

地方行业协会商会自 1979 年经济改革后逐步成长、成熟，并经历了计划经济体制向社会主义市场经济体制过渡的转型时期。因此，我国地方行业协会商会有"官办"烙印，所受行政干预过多，过分重视微观层面。在社会管理中，政府处于主导地位，社会处于从属地位。政府很容易表现为凌驾于社会之上，习惯于对社会进行命令和控制，社会只能服从与依附于政府。[②] 本来归属于地方行业协会商会的职能，却被紧攥在相关管理部门手里，"舍不得、不放心"，导致地方行业协会商会偏离正常轨道发展。例如，吉林省大部分行业协会是由相关政府机关作为召集人成立的，而南京行业协会由政府部门转制而来，是自上而下方式产生的。这些典型的体制内生成型地方行业协会商会，天生与政府部门联系紧密，被戏称为"准政府"。

---

① 徐齐：《新常态下的温州行业协会——温州经济，有一股"协会力量"》，《浙江日报》2014 年 12 月 11 日，第 4 版。

② 徐齐：《新常态下的温州行业协会——温州经济，有一股"协会力量"》，《浙江日报》2014 年 12 月 11 日，第 4 版。

长期依附于政府，没有脱离行政化圈子，容易成为既得利益集团牟利的手段。在此背景下，地方行业协会商会弃服务，而重级别、重评比。

随着我国政治民主化进程的加快，让公民享受均等的政治参与权已经成为必然趋势，公民可通过各种形式参与政治，表达自己的利益诉求，从而维护自己的权益。事实上，政府决策的缺位、沟通渠道的不畅通阻碍了地方行业协会商会参政议政的步伐。政府在公共政策过程中，对地方行业协会商会参与接受度不够，缺乏与其沟通或合作，导致其政治参与的滞后，甚至无法有效参与，让其处于"漂泊"的状态。另外，地方行业协会商会与相关部门进行协调的渠道单一、不通畅，向政府表达自身诉求需要经过漫长的程序，政策参与途径采用双方领导层沟通这种非正式方式进行，参与内容以政府主导支持为主。地方行业协会商会缺乏政治归属感，极大地影响了我国政治民主的范围和质量。

（二）地方行业协会商会法律保障不力

立法方面，国家层面主要有 2016 年的《社会团体登记管理条例》、2004 年 8 月 30 日颁布的《国务院国有资产监督管理委员会行业协会工作暂行办法》和一些其他部委较早颁布的暂行办法；地方层面的法规和其他规范性法律文件有《温州市行业协会管理办法》《上海市行业协会暂行办法》。因此，地方行业协会商会缺少一部统一的专门性法律。由于没有得到应有的法律保障，地方行业协会商会存在职能不清、体系管理混乱等问题，自治权威被弱化。"花钱买奖状"、强制入会、借助参加会议等名义敛财等行业乱象影响了它们的公信力，究其根源，这些问题的本质在于制度设计缺陷和与之相应的法律法规不健全。

（三）地方行业协会商会内部治理能力低下

随着政府职能的进一步转变，地方行业协会商会获得了一定的自治权。但是，由于自身建设能力不足，地方行业协会商会没有起到很好的桥梁、纽带作用。

1. 人才缺乏

从当前地方行业协会商会的人才队伍建设来看，较大部分工作人员没有行政编制，来源主要是政府部门，兼职人数较多，任职人员年龄偏大，职称、养老、医疗、住房等问题没有统一规定，造成人才流失率高。另外，从 2013 年全国性行业协会商会人力资源建设的评估情况来看，38% 的参评行业协会商会在培训板块上的得分比不到 50%，员工培训机会较少。[①] 同时，我国绝大部分内生型地方行业协会商会无论是选举会长还是选举秘书长，都或多或少受到政府机构的干预；外生型行业协会商会的典范温州行业协会商会在人员配备方面对政府有着依赖性。总体而言，人才结构不合理、人才严重匮乏、人才队伍建设滞后等导致地方行业协会商会难以达到较高的专业化水平。

2. 管理不规范、民主化程度低

地方行业协会商会外部受双重管理体制的制约，部分内部虽有完整的组织机构和规章制度，但被束之高阁，没有发挥应有的作用。"花钱买奖状、花钱买奖杯"成了行业潜规则，相关研究发现，近年来部分行业协会商会向会员企业乱收费、表彰活动与企业捐款直接挂钩现象时有发生。制度建设形式化，容易出现人

---

① 徐家良、廖鸿主编《中国社会组织评估发展报告（2014）》，社会科学文献出版社，2014，第 12 页。

治局面，治理效果不佳。

从全国性行业协会商会 2013 年的评估数据来看，参评行业协会商会的民主程序规范化程度很低，没有一家的实际操作与规范程序吻合；表决方式大部分使用举手拍掌通过，不合乎规定。集体行动失灵也是阻碍地方行业协会商会民主化进程的一个因素。企业之间天然存在竞争关系，会员企业到底是选择竞争还是选择协作共赢难以论断，出于追求直接的实惠和机会心理，没有得到利益的会员企业集体行动的积极性很低。

3. 筹集资金能力低

我国大部分地方行业协会商会的经费主要来自会员缴纳的会费和理事赞助，营业性收入少之甚少。因此，多数经费严重不足，存在"等、靠、要"的思想，缺乏活力，难以向会员提供更优质更完善的服务。以温州、南京为例，两市行业协会的财务状况均不容乐观，南京和温州"不能维持"和"勉强维持"的行业协会分别占 37.2% 和 21.2%，"可以维持但不能满足继续发展"的行业协会分别占 41.9% 和 48.1%，"可以满足日常开支和未来发展"的行业协会分别占 20.9% 和 30.7%。[1]

4. 服务能力有限

地方行业协会商会承接政府与企业，是多方交流的纽带，因此服务政府和企业是其天职。目前，大多数地方行业协会商会在服务政府方面相对较好，但在服务会员方面，主要以研讨会形式开展活动，提供的咨询服务范围狭窄，服务意识淡薄、服务方式较陈旧、服务效率较低；在提供公共服务方面，2013 年全国性

---

[1] 江华等：《行业协会政策参与的比较研究：南京与温州》，《中共浙江省委党校学报》2012 年第 1 期，第 34 页。

行业协会商会评估数据显示，参评单位中 40 家获评 0 分，41 家得分比为 50%。① 总体来说，地方行业协会商会服务能力不足，在专业化、规范化、创新度方面有所欠缺。

三　社会治理创新下的地方行业协会商会发展对策

治理理论是 20 世纪 80 年代末期在西方国家和一些国际性组织（世界银行、国际货币基金组织以及经合组织等）中兴起的，弥补了政府管理理论和市场调节理论的不足。该理论走进中国后，政府逐步改变划桨人的角色，转而构建政府、市场和社会三个领域互动的新框架。该理论主张基于一种更为灵活的互动论视角，从政府、市场、企业、公民、社会的多维度、多层面上观察、思考问题，强调管理对象的参与、合作、协商。

从社会管理到社会治理，我国社会治理模式正发生着重大变革，治理主体从一元到多元，治理手段从独治到共治。中国社会科学院李培林研究员认为社会治理的核心议题，就是处理好政府与社会之间的关系，正像经济改革的核心议题是处理好政府和市场之间的关系，实际上是要处理好政府、市场和社会三者之间的关系，就是要弄清楚哪些社会事务需要政府、市场和社会各自分担，哪些社会事务需要政府、市场和社会共同承担。因此，要想实现地方行业协会商会与行政机关脱钩，实现地方行业协会商会健康发展，需要政府、企业、地方行业协会商会共创共赢新局面。

（一）转变政府职能，实现"政行脱钩"，加快民主化进程

改革开放以来，地方行业协会商会在各地开展了试图"去

---

① 徐家良、廖鸿主编《中国社会组织评估发展报告（2014）》，社会科学文献出版社，2014，第 12 页。

行政化"的管理体制创新改革。从上海的"三元管理体制"模式到深圳的"新二元管理体制"模式，再到广州的"一元管理体制"模式，这些尝试或多或少提高了地方行业协会商会的活力。党的十八大报告进一步把政府职能明确为宏观调控、市场监管、社会管理、公共服务和环境保护。2013 年 10 月，李克强主持召开国务院常务会议，要求以转变政府职能为抓手，继续深化改革；加快实施政府职能转变，扭转政令不畅的"堰塞湖"现象，克服拖延应付和打折扣、搞变通的行为，研究推进改革的具体措施，让市场作用得到更好发挥，让政府管理更加到位，努力营造各类主体公平竞争的市场环境。2015 年 7 月，中共中办、国办印发《行业协会商会与行政机关脱钩总体方案》，标志着"政行脱钩"改革进入新的轨道。

首先，构建政府与地方行业协会商会之间的新型合作关系，"以企业家精神重塑政府"，建设"小政府""大社会"；政府要放权，为了避免寻租行为的产生，要适度放权。国家发改委负责人表示，脱钩不是脱管，政府对行业协会商会绝不是一脱了之、放任不管。政府从具体微观业务中解放出来，在政策建言、规划、信息传递以及行业管理等宏观方面给予指导，专注于对地方行业协会商会的监管工作，除了法律手段硬性监管外，可以适度通过政府购买其服务和管理方式创新监管手段。当然，政府也要通过改变制度、体制等来构建监管机制，增强监管意愿和提高监管能力。

其次，提高地方行业协会商会的政治参与度。20 世纪 90 年代，一些发展中国家开始引入参与式治理，旨在改善公共服务的机制，培养积极公民，实现地方政府与公民的双向互动。治理理论认为，民主是实现良好治理的实质和核心，善政要求我们有一个"民主政府",不断完善地方行业协会商会的政治参与机制才能最终实现"民主政府",才能最终实现地方行业协会商会的政治权益。因此,在构建良好的政社参与式治理关系中,地方政府应该提供制度化保障,开放公共政策过程,畅通地方行业协会商会参与渠道,提倡正式途径参与机制,有效回应地方行业协会商会的诉求,并做到形式灵活多样,如增加人大选票配额、座谈会、微博、微信公众平台;以现代治理方式代替传统行政管理手段,提高参与式治理的能力。乐清市电气行业协会通过出版《中国电气之都报》、创建"中国电气之都网"的方式参与宏观经济政策过程;广东省食品行业协会通过组织会议、专题报告、国际交流、成立专家库等形式参与政府政策过程。

最后,打破地方行业协会商会寡头垄断格局,取消"一业一会"限制,实现"一业多会",简化入会手续。香港、广东等地已经废除"一业一会"限制,引入竞争机制,实行了地方行业协会商会的良性市场竞争态势。

(二)完善相关法律法规

从世界范围来看,行业协会发展好的国家,大部分在法律建设方面很完善。在英国,行业协会不受政府的控制,较独立,根据法律法规开展工作,政府强调市场作用,给予其相对宽松的政策环境。德国有相对完善的行业协会法律,政府通过法律法规的明确规定,从法律地位、组织行为、权利义务等方面保障了行业协会的良好运行。美国行业协会的宗旨是致力于会员企业的发展,它们重视法律的地位,开展工作以法律为准绳。日本政府对企业的管理主要是通过政策法规和行业协会等间接实现的。

在我国,相关法律法规的不健全制约了地方行业协会商会的发展。中国行政管理学会秘书长高小平认为，法治是公共管理追求效率的制度创新，有法治才有公共管理的秩序，这是公共组织有效化、高效化的基础。党的十八届四中全会提出全面推进依法治国，确定了"建设中国特色社会主义法治体系，建设社会主义法治国家"的总目标。在这一重大决策下，地方行业协会商会应该加大步伐，确保自身的法律地位。一方面，在适应时代的背景下不断完善、修订《社会团体登记管理条例》；另一方面，从立法角度确立地方行业协会商会的职责，并明确企业、地方行业协会商会、政府三者间的关系，充分发挥地方行业协会商会的桥梁作用。以此为据，开展工作。2014 年 9 ~ 10 月，温州出台了一系列通知、意见，如《关于政府向社会力量购买服务的实施意见》《温州市政府职能向社会组织转移暂行办法》，为地方行业协会商会指明了政策导向。

（三）提高地方行业协会商会自治能力

"善治实际上是国家权力向社会的回归，善治的过程就是一个还政于民的过程，表示政府与社会之间的友好合作，它有赖于公民自愿的合作和对权威的自觉认同，要求公民的积极参与，其基础就是公民社会。"①

1. 规范用人关系

提高日常管理水平，建立完善的议事、财务、外事等制度；规范用人关系，优化人才结构，扩展人才引进途径，建立完善的薪酬分配机制。马斯洛的需求理论告诉我们，人有需求，需求有层次，因此应健全人才培训、绩效管理机制，实现人力资源效益最大化。此外，要坚决执行公务员不得到地方行业协会商会兼职

---

① 俞可平：《治理与善治》，社会科学文献出版社，2000，第 9 页。

的规定，保证地方行业协会商会招聘工作人员的自主权，并保障地方行业协会商会的合法权益。2014 年开始，湖南、安徽、山西等省份开始查处行业协会商会中的兼职情况，山西清理兼职省级领导 16 人、厅级领导 174 人，此举措为地方行业协会商会人才年轻化、专业化、高素质化奠定了坚实基础。

2. 完善行业协会内部组织结构

"脱钩"意味着地方行业协会商会正式走向市场化运作。"走向市场与过去向政府汇报不一样，会员企业需要效益，"汪锦军博士表示，行业协会商会与行政机关脱钩后，要明确"自己不是市场主体，是社团，是联合会"。① 一方面，要有规则理念，遵循国际化标准。2015 年 8 月 4 日，香港铜锣湾的声望药房因向游客出售的药品价格比市价高约 100 倍，被港九药房总商会终止会籍。温州行业协会商会在自律诚信工作方面做出了典范，各行业协会商会制定了管理办法，对于不守行规的会员企业进行曝光处理，规避不正当行为。另一方面，应完善民主程序。建立会员代表大会制度等相关制度，重视理事会，并为保证理事会高效率运转，引入独立理事，构建以会员大会、理事会、监事会等为主体的组织机构，建立健全内部监督；提高企业参会率，增强地方行业协会商会权益表达的活力，确保民主参与规范化。

3. 提高筹措资金的能力

在完善地方行业协会商会内部机构的条件下，扩大其覆盖面，吸引企业入会，扩宽会费收集渠道；以政策信息咨询、职业

---

① 汪锦军：《公共服务提供：社会组织的优势与路径选择》，《学习时报》2009 年 12 月，第 3 版。

技能培训、接受政府委托等多种方式开展专业有偿服务。公共服务的民营化理论为研究政府职能向行业协会商会转移提供了有效的分析框架。① 就政府与行业协会商会之间的关系而言，政府需要在外部性较强的公共服务领域充当提供者的角色，但并不一定要充当生产者的角色。一些外部性较强的公共服务可以由行业协会商会来生产，或者由政府与行业协会商会联合生产，确定由谁生产的根据是政府与行业协会商会生产相关服务的比较优势。如果由行业协会商会来生产外部性较强的公共服务，政府必须制定一套制度来购买行业协会商会生产的服务。② 而行业协会商会生产、政府购买并提供服务的模式既有助于减少政府支出，缓解政府财政支出压力，又可以为行业协会商会的运作注入资金，促进其资金筹措能力的提高。

4. 加强服务能力

地方行业协会商会作为社会中介组织，提供优质服务是其本职。在初级市场经济向比较完善的市场经济转型的时期，提高地方行业协会商会的服务能力，如收集行业最新信息，跟踪新动态，通过组织智囊团等形式为行业发展建言献策；维护会员权益，维护行业内的公平竞争秩序，开展公共关系活动——庆典活动、博览会等，加强与其他行业的沟通、交流，促进会员企业健康发展，意义重大。首先，明确地方行业协会商会与政府之间是"平等、协作"的关系，与企业之间是代言人与被代言人的共赢关系；其次，在保障信息畅通的条件下，为会员搭建产品输出平

---

① E. S. 萨瓦斯：《民营化与公私部门的伙伴关系》，中国人民大学出版社，2002。

② 江华等：《行业协会政策参与的比较研究：南京与温州》，《中共浙江省委党校学报》2012 年第 1 期，第 36 页。

台，帮助品牌走出去；再次，强化国际化导向意识，有"客户"视角：建立客户参与、客户响应链与售后服务机制，在提高服务质量的同时，注重服务效率；最后，创新服务思路，为会员企业"破冰"。2013 年，温州市启动行业协会商会应急转贷资金试点项目，依托行业协会商会实现"行业互助基金"规范化，协助会员企业在"金融改革"浪潮中平稳发展。

子报告4 云南省社会组织评估现状分析

——以 355 个参加评估的社会组织为例

云南省位于祖国的西南边陲，是多民族、多宗教的一个省份，与其他省份相比，经济发展相对落后，但人民的需求随着社会的发展日益多元和丰富。而云南省社会组织的存在满足了人民群众日益增长的物质和精神需求，同时弥补了政府部门在服务社会方面的不足和缺陷。从党的十六大提出构建社会管理格局到"十二五"规划提出要加强和创新社会治理，政府的政策导向落在了社会建设上，构建社会组织的培育机制既是社会建设的要求也是政府的政策指向。随着社会的发展，云南省社会组织的数量呈现增长趋势，同时，人民对于社会组织的质量也有了更高的要求。在这种情况下，对社会组织的评估是一项必不可少而又十分紧迫的工作，既对社会组织的发展和所开展的活动有一定的约束和导向作用，又有助于使社会组织持续满足人民的需求。

一 云南省社会组织评估工作概况

为贯彻"发挥社会组织在扩大群众参与、反映群众诉求方面的作用，增强社会的自治功能"以及"引导各类社会组织加强自身建设，提高自律性和诚信度"的精神，进一步发挥社会组织在社会管理和公共事务中的作用，规范指导全省社会组织评估工作，增强社会组织服务社会的功能，云南省出台了《云南省社会组织评估管理办法》。该办法已于 2011 年 5 月 1 日起施行，共 45 条，就社会组织评估原则、评估范围、评估机构、工作程序等做出规范性要求。同时规定，对社会组织的评估根据基础条件、组织建设、工作绩效、社会评价四类综合指标来确定等级。根据该办法，云南省县级以上民政部门将设立社会组织评估委员会，受同级民政部门的委托负责同级社会组织评估的审核工作。

2015 年，云南省省级社会组织评估工作继续在省民政厅的组织领导下，在社会组织评估委员会的指导下，采取独立第三方方式进行。基于严格的政府采购程序，云南三方社会组织评估服务中心受托具体负责评估委员会的日常工作和评估的组织实施工作。评估工作启动后，评估办公室根据《2015 年省级社会组织评估工作方案》的要求，组织完成了申报、资格审核公示、自评自查、专家实地考察、汇总初评等阶段工作。

目前，全省除省本级外，16 个州（市）仅昆明、曲靖、玉溪开展了评估工作，县级尚未开展评估。截至 2015 年 12 月 30 日，全省共评估了 355 个社会组织，其中省本级 203 个（包括本次评估数量）、州市级 152 个。目前，全国有 10 多个省（市）的评估率达到 40%，20 多个省（市）的评估率达到 30%，云南省包括本次评估数量在内，评估率不到 8%。

从表 1 中可以看到，无论是基金会还是学术性社会团体和公益性社会团体，在 2013 年参与评估的数量都较少。其中，被评为 5A 等级的社会组织数量更少。

表1 2013 年云南省参加评估的社会组织数量及评审结果一览

单位：个

组织类型	评估等级						无评估等级
	合计	5A	4A	3A	2A	1A	
	58	7	13	25	5	0	8
基　金　会	36	5	6	13	4	0	8
学术性社团	18	2	4	11	1	0	0
公益性社团	4	0	3	1	0	0	0

从表1、表2中可以看出，2013 年云南省社会组织的评估数量与同年全国社会组织的评估数量相比，差距还很大。此时，云南省社会组织数量较少，评估数量更少。

表2 2013 年全国省级社会组织评估情况一览

单位：个

项目	省级社会组织总数	已评估的省级社会组织总数	2013 年省级社会组织评估数量
数量	35766	9261	3814

云南省 2013 年参加评估的社会组织总数是 58 个，2014 年参加评估的社会组织总数是 189 个（具体见表3），而 2015 年参评的社会组织总数为 355 个。从以上数字可以看出，2014 年参评的社会组织总数是 2013 年的 3 倍多，而 2015 年参评的社会组织总数是 2014 年的近 2 倍，即在 2013～2015 年三年中，参评的社会组织总数呈现递增的趋势。参评社会组织数量的增加间接反映出这三年中社会组织数量和质量大幅度地增长和提高，但尽管如此，云南省社会组织的参评率在全国范围内仍然很低。

表 3　2014 年云南省参加评估的社会组织数量及评审结果一览

单位：个

组织类型	总数	申报数量	符合条件数量	参加实评数量	初评等级							无评估等级
					合计	5A	4A	3A	2A	1A		
民办非企业单位	103	77	68	59	59	3	12	24	16	3		1
行业协会商会	86	47	45	32	32	3	11	16	0	0		2
合计	189	124	113	91	91	6	25	38	16	3		3

另外，对于获评 3A 的社会组织而言，组织建设、工作绩效是四类指标中的短板，5A 等级的社会组织发展则较为均衡。此外，若将比较的对象从指标转换成等级评定的要求，则可发现等级较低的社会组织的评估结果更多地依赖基础条件这一个基础性的指标，而在工作绩效和组织建设这两类发展性指标上的得分往往不能达到相应的等级标准。

二　云南省社会组织评估工作面临的困难

（一）组织实施方面存在的困难

1. 评估经费保障困难

一方面是评估成本高与经费不足之间矛盾突出。社会组织评估工作历时长、程序多、内容广，需要充足的前期准备工作做基础，研发科学可操作的指标体系需要大量人力、时间和精力，还需要财务、档案、法律项目管理、行业管理等方面的专业人员参与，实地考评阶段的人员、财物、时间成本更高。目前除了省级和个别州（市）争取到财政专项评估经费外，各地民政部门均无经费保障。另一方面是财政经费下达时间较晚，加上政府采购程序烦琐，导致评估工作整体计划和进度在一定程度上受到影响和制约。

2. 培训的效果和力度有待增强

一方面是对评估专家的培训。参与本次评估的专家整体水平和素质都很高，领域也很广泛，但在充分发挥多领域合作效益的同时，有时也会囿于本行业的知识和观点而不能很好地完成社会组织评估工作的目标任务。因此，提前对评估专家进行有针对性的培训对提高评估专家的权威性和评估工作的质量尤为重要。另一方面是对参评对象的培训。本次评估共组织了两期申报培训和实评培训，培训 430 人次，整体效果较好，但也有个别参评对象参加培训后对评估没有起到促进作用，今后在举办参评对象培训时要更加注重细节。

3. 评估工作手段较单一、落后

目前，评估实行千分制，考量指标多、细，分值小，从指标体系研发中的分值权重调整到实评阶段的打分统分均是手工操作，要耗费大量成本，实评专家精力受牵制，分析和总结时间不足。

（二）参评对象方面存在的主要问题和不足

1. 评估对象对评估的意义和目的认识不足

评估是创新社会组织管理的一种现代科学机制，评估的意义在于有助于加强社会组织自身建设，促进社会组织自我管理和自我完善，增强社会组织透明度，提高社会组织的社会公信力，优化政府监管措施，强化社会监督。但在实际评估中，多数参评社会组织的目的局限于获取一个较好的等级，对评估的意义和目的认识不足，对评估期望普遍过高且缺乏足够的以评促建思想认识，而这限制了评估作用的更好发挥。

2. 民办非企业单位存在的主要问题

（1）组织机构亟待健全

从民办非企业单位的评估指标来看，组织机构主要涉及理事会、监督机构、办事机构、党组织等。从民办非企业单位的评估情况来看，问题主要集中在理事会方面，尤其是理事成员的来源。按照《民办非企业单位（法人）章程示范文本》的规定，理事会是民办非企业单位的决策机构，理事由举办者（包括出资者）、职工代表（由全体职工推举产生）及有关单位（业务主和单位）推选产生。"职工代表担任理事情况""与本单位无利益关系人士担任理事情况"反映了职工代表和有关单位推选理事的情况。然而，从2015年参评的民办非企业单位的评估得分看，有的无"职工代表担任理事情况"，无"与本单位无利益关系人士担任理事情况"。这些表明理事产生来源不符合有关规定。这种情形对它们获取支持、科学民主决策、激发活力具有负面影响。

另外，民办非企业单位在理事会召开次数、党组织建设和开展活动方面也存在一些问题。建议得分较低的民办非企业单位根据章程，依照法律法规，做好完善组织机构的工作，提高组织运行效率。

（2）财务会计制度存在问题

财务管理是指运用管理知识、技能、方法，对企业资金的筹集、使用以及分配进行管理的活动。会计制度是组织对其经济活动进行核算与监督的一套制度。这些制度的建立及落实有助于提高组织透明度，提高组织的经营管理水平，规范组织行为。从统计数据来看，相关评估主要涉及会计的"会计机构负责人（或会计主管人员）""会计电算化""内部财务管理制度和执行情况""年度财务报告和监督"等指标，评估得分均较低。财务会计制度的缺失会对民办非企业单位及其会员的合法权益产生负面影响。因此，财务会计制度的完善和落实是民办非企业单位面临的重要问题。

（3）服务能力不足

按照评估指标，民办非企业单位的服务对象主要是政府和社会。根据有关评估资料，已参评的民办非企业单位在服务政府和服务社会各项指标上的得分均较低，说明其服务政府与社会的能力亟待提高。

3. 行业协会和异地商会存在的主要问题

（1）组织建设有待加强

参评行业协会商会都建立了以章程为核心的法人治理结构，按照规定召开会员代表大会、理事会、常务理事会，较好地建立了民主决策机制，大多数单位的重大事项决策采取投票的方式。然而在很多参评行业协会商会中，理事、常务理事的产生存在一些问题，如常务理事人数超过理事人数的1/3，不能够提供理事会或常务理事会会议纪要或在理事会上选举产生理事；部分参评行业协会商会的工作人员待遇仍然不能得到保证，不能按规定缴纳五险一金；部分参评行业协会商会在财务管理方面较为薄弱，分支（代表）机构的财务管理问题相对更多，如未配备具有资格的专职财务人员，执行《民间非营利组织会计制度》不规范，会计基础工作需要做扎实。

（2）提供服务尚不到位

部分参评行业协会商会服务内容单一，个别仍局限于组织展览会、信息交流、人才培训等基本工作，对引领会员开拓市场、维护行业利益或是处理贸易摩擦等问题关注不够，同时相应的能力也不具备。行业协会商会的组织宗旨本应是"服务会员、服务行业"，服务意识的提高要求各行业协会商会能够增强与会员企业的沟通，倾听它们的意见和建议，同时自身也应主动调查研究行业的环境、需求和发展方向，相关基础工作的扎实完成，是提高服务质量的关键步骤。

（3）行业代表性不足

从评估情况来看，部分参评行业协会商会的会员数量过低，有的只有几十家，会员偏少，行业覆盖不够广泛。同时，有的参评行业协会商会中大型企业会员多、中小型企业会员少，发达地区会员多、欠发达地区会员少，导致行业协会商会的代表性受到制约。个别参评行业协会商会挂靠在企事业单位，人事、办公场所、财务、活动等均依附于挂靠单位，缺乏独立性，不能充分地代表行业的根本利益。

（4）自律管理相对薄弱

行业自律是参评行业协会商会普遍开展的业务活动，然而已制定的规定或规范在质量和执行效果上都有待提升。具体表现为：部分参评行业协会商会制定的规定或行规行约与国家法律法规以及相应的质量规范、服务标准衔接不够，内部有效性较差；有的行规行约中缺乏具体有效的处罚措施，操作性不强；个别行规行约没有经过会员（代表）大会审议，在制定程序上不具有合法性，会员认可度不高；也有部分参评行业协会商会的行规行约影响力较差，没有通过网络等媒体向社会公开，很难起到维护公平竞争市场秩序的作用。[1]

---

①　马庆钰等：《社会组织能力建设》，中国社会出版社，2011。

（5）承担政府转移职能或政府购买服务比例不够高

参评行业协会商会中，在承担政府转移职能或政府购买服务方面经验丰富者并不多，究其原因：一方面，政府部门向行业协会商会购买服务缺乏可依据的规范，一些部门向行业协会商会布置任务、索要信息过于随意，未能充分尊重它们的劳动成果和知识产权，客观上也造成行业协会商会的职能定位不明确，影响了行业协会商会作用的发挥；另一方面，考虑到政府项目或相关财政支出要求的规范性较高，部分参评行业协会商会由于组织内部的基础性建设薄弱，项目操作及财务管理等方面的规范性不强，承接项目或职能的能力有限。

（6）国际影响力有待提高

参评行业协会商会中有相关国际合作经历的很少，但也有部分参评行业协会商会具有相当的国际影响力，如云南潮汕总商会就是国际潮团总会和国内潮商大会的会员单位，利用各种平台和活动宣传、推介云南省，为云南省的招商引资，为云南、潮汕两地经济文化交流和高层领导互访做出了积极贡献。只是对于很多获评等级不高的行业协会商会来讲，它们在国际合作项目、参与国际组织事务过程中发挥的作用仍然十分有限，这与国内行业在国际上的实力和所占的市场份额不能匹配，因此在为云南省相关行业企业的发展争取利益或机会时作用并不明显。

三 其他省份社会组织评估工作的经验借鉴

（一）聘用评估机构，扩大专家规模

由于第三方评估机构既有专业的评估知识，又有丰富的评估经验，很多省份社会组织的评估工作都采用第三方评估机构的方法。如北京市在全市具备资质条件的支持性社会组织中选聘了北

京德城社会组织评估与促进中心等六家单位作为第三方评估机构，负责实施社会组织评估。在评估实施过程中，第三方评估机构对评估工作组织、实施的内容进行了有序安排，收到了非常好的评估效果。随着参与评估的社会组织数量不断增加、社会组织等级效用不断增强，对社会组织评估的质量和专业性要求不断提高。在这种情况下，各相关社会组织纷纷扩大评估专家队伍，并确保专家队伍的多样性和专业性，以前没有评估专家队伍的也建立了评估专家队伍。

（二）完善评估标准，应用评估结果

不同层级社会组织的发展阶段不同，在工作内容、服务对象等方面也存在差异，因此各地区在参照全国性社会组织评估经验的基础上，应结合自身情况，找到适合自身的评估办法。北京市存在大量的异地商会和教育类民办非企业单位，为更好地反映北京地区的实际情况，真实地反映不同类别社会组织的发展现状，在参考民政部评估指标的基础上，北京市社团办对异地商会与行业协会、教育类民办非企业单位和非教育类民办非企业单位进行了区分，这种类别划分有助于促进社会组织评估的科学化、规范化。[①]

注重评估结果的应用是提高社会组织评估吸引力的重要途径，评估结果的应用范围越广泛，评估结果的应用内容越重要，社会组织参与评估的积极性就越高，社会组织参评数量多的省市区，评估结果的应用内容更有实质意义。北京市对评估结果的应用，不仅涉及年度检查、先进集体评选、示范基地建设、政府职能转移和购买公共服务等奖励措施，而且涉及社会组织退出机制

[①] 徐家良、廖鸿主编《中国社会组织评估发展报告（2013）》，社会科学文献出版社，2013。

这一惩罚措施。这种有奖有罚的等级评估结果的应用，为社会组织的规范化发展提供了动力。

（三） 政府高度重视，注重宣传和培训

首先，政府重视社会组织评估工作是推进评估工作落实的重要基础。内蒙古自治区民政厅非常重视社会组织评估工作，其厅长和副厅长亲自出任内蒙古社会组织评估委员会和复核委员会的主要负责人，自治区发改委、教育厅等部门领导也参加上述两个委员会，并通过下发文件和聘书，建立会议制度，设立评估工作办公室，加强了对社会组织评估工作的领导。其次，社会组织评估人员对评估标准的理解和对评估工作的重视程度是影响社会组织评估等级公平性和权威性的重要因素，社会组织评估人员对评估工作的重视程度不高，可能对评估产生消极影响。内蒙古自治区对社会组织的评估工作开展较晚，对评估工作的流程、进度、注意事项等尚不熟悉，因此非常重视社会组织评估前期的宣传和培训工作，不仅举办了全区社会组织评估培训班，而且对社会组织及评估机构评审人员进行了分批培训，从而为社会组织评估工作的顺利开展打下了基础。

（四） 建立目标责任考核机制，注重评估工作的多元效应

社会组织的参评率间接反映了社会组织的发展状况和发展程度，参评率过低会严重影响评估工作的顺利推进，继而影响社会组织的发展建设。黑龙江省社会组织的发展较为缓慢，参评率也较低，针对这种情况该省提出了较好的解决办法。黑龙江省民政厅将社会组织评估工作纳入目标责任考核机制，并相应地做出具体的奖惩规定，这对省内社会组织评估工作的开展形成了外部压力，从而可以间接提高黑龙江省社会组织的参评率，从而对该省社会组织的发展建设起到一定的积极作用。另外，实施了以评估

为基础的以奖代补、以奖代罚政策，探索利用公共财政资源对社会组织进行资助和奖励的机制。①

（五）周密组织实施，加强地区间的交流学习

要想确保评估工作规范合理，扩大评估工作的深度和广度，须结合社会组织现状和实际，制定科学有序的评估流程，做好社会组织评估的重点环节工作。坚持以实地调查为依据，坚持调查评估与现场指导相结合，坚持公开、公平、公正的评估原则。另外，不同地区民政部门在推进社会组织评估工作的过程中积累了丰富的经验，相互交流、取长补短也是完善自身评估工作的重要途径。例如，湖南省在开展社会组织评估工作的过程中，遇到时间和经费上的问题，但它从兄弟省市区那里找到了解决方法，如从福利彩票公益金中拨付资金解决经费不足问题。② 因此，做好省市区间的交流与合作，可以节省解决问题的成本，提高解决问题的效率。

四 优化云南省社会工作评估工作的对策建议

（一）加大培训和宣传力度

培训评估对象，打破其"为评估而评估、为等级而评估"的认识，树立评估对象对评估目的和意义的正确认识。同时，对评估专家开展有针对性的培训，增强其实评经验，缩小衡量标准差距，提高评估结果的科学性和公正性。西部地区省级社会组织评估非常重视评估前期的宣传和培训工作，如广西不仅在南宁举

---

① 徐家良、廖鸿主编《中国社会组织评估发展报告（2013）》，社会科学文献出版社，2013。

② 徐家良、廖鸿主编《中国社会组织评估发展报告（2014）》，社会科学文献出版社，2014。

办了全区社会组织评估培训班，而且对社会组织评估机构评审人员进行了分批培训，从而为社会组织评估工作的顺利开展打下了基础。安徽则利用"安徽社会组织信息网"、《安徽社会组织》期刊、社会组织 QQ 群等载体，借社会组织负责人培训之机，深入宣传社会组织评估工作的目的及意义，提升社会组织对评估工作的认知度，动员引导社会组织自觉参加评估。

（二） 把评估作为促进社会组织规范化建设的一个过程

要想真正实现评估的目的和作用，须改变印发通知后即开始评估的方式，探索印发通知后让社会组织准备一定时间如 1 年再实施评估的模式，让准备期成为评估对象有效的规范化建设阶段，提升评估质量和效果。把评估作为登记管理机关全面了解社会组织作用发挥、把握社会组织发展需求的过程，作为管理机关服务社会组织、加强个性化指导的过程。

（三） 进一步加大评估结果应用力度，提高社会组织参评积极性

建议把评估结果与承接政府购买服务挂钩，把评估结果作为社会组织承接政府购买服务的一项资格条件，并根据评估结果公布承接政府职能转移和购买服务的社会组织目录。东部地区各省（市）在评估结束后，将社会组织评估等级结果在全省（市）内公示、通报，将评估结果应用于日常管理，并给予不同评估等级社会组织以不同的奖励。例如，江苏省规定，对获得 3A 及以上等级的省级体育类社会团体，除给予优先承接政府购买服务、职能转移资格外，还给予 5 万 ～ 10 万元不等的奖励，这些措施提高了江苏省社会组织参评的积极性。

（四） 加强评估工作信息化建设

首先，建议委托软件公司开发具备打分、汇总、统计、分析

功能的社会组织评估软件系统，使专家从烦琐的分数统计汇总工作中解脱出来，把大部分时间精力投入对评估结果的分析、研究和总结上，以提高评估工作效率和质量。其次，充分利用网络，提高审批速度。例如，福建省尝试了网络评估新手段，通过开发利用福建民间组织信息网资源，使评估工作与网上年检和审批等常态化工作有机结合，确保了评估信息及时公布，使过程透明、结果真实、工作高效。

（五）　建立专家联席会议制度和研讨机制

社会组织评估已有较全面的专家人才资源库，建立专家联席会议制度和研讨机制，定期或不定期召开专家联席会议，相互通报、交流、探讨评估信息，听取大家对社会组织评估工作的意见和建议，以促进社会组织评估工作更加规范和更加完善。如江西省建立了由省民管局、省科协工作人员和注册会计师共 7 人组成的评估专家组，为评估工作的顺利开展提供了有力保障。

子报告 5　云南省省级"儿童之家"建设示范项目调研报告

　　云南省携手困难群体创业服务中心（以下简称"携手中心"），是于 2004 年 8 月在云南省民政厅注册成立的社会组织。主要服务贫困脆弱儿童以及他们的家庭，运用社区综合发展模式，以专业的社会工作方法开展多种形式的公益服务活动，旨在改善儿童及其家庭在教育、健康、生计方面的现状，促进儿童的全面发展及其家庭与社区的和谐融合。2014 年，云南省妇儿工委委托携手中心，通过资金投入、力量整合、技术支持等购买服务的方式，共同在昆明市官渡区东郊路社区（以下简称"昆明东郊路社区"）、曲靖市会泽县仙龙社区（以下简称"会泽仙龙社区"）、楚雄州元谋县张二村社区（以下简称"元谋张二村社区"）、大理州大理市福文社区（以下简称"大理福文社区"）、德宏州陇川县景罕村委会（以下简称"陇川景罕村委会"）开展省级"儿童之家"建设示范项目点的工作。携手中心负责示范项目的整体推进与管理，项目周期为 2014 年 9 月 1 日至 2015 年 8 月 31 日。

　　本次调研是在直接参与云南省省级"儿童之家"建设示范

项目的完结评估工作的基础上形成的，评估围绕示范项目点在一年的项目周期内，为推动"儿童之家"建设工作进程而在组织架构的建立、资源的撬动、活动的开展方面所做的工作展开。评估采取查阅"儿童之家"工作资料（主要包括机构执行该项目而形成的活动计划书、活动报告书以及相关活动记录等），实地走访昆明东郊路社区、大理福文社区"儿童之家"场地，以及对相关受益人群和合作伙伴进行访谈等方式进行。同时，就示范项目负责人及参与项目实施的相关人员召开座谈会，详细了解活动实施情况、项目成效、遇到的困难与挑战，进而提出对策建议。

一　"儿童之家"建设示范项目评估分析

"儿童之家"以儿童及其家庭、社区成员为服务对象，坚持政府主导、社区主办，坚持公益性、补缺性、服务性，坚持因地制宜、量力而行、资源整合等原则。项目管理方面（满分70分），得58.5分，扣11.5分。其中，硬件条件（满分20分），扣3分；服务内容（满分30分），扣6.5分；管理制度（满分20分），扣2分。项目督导方面（满分30分），得19分，扣11分。其中，州/市妇儿工委督导（满分6分），扣4分；县/市妇儿工委督导（满分6分），扣2分；县/市妇儿工委各成员单位督导（6分），扣1分；村委会/社区居委会督导（6分），扣1分；儿童委员会、家长委员会及志愿者对"儿童之家"督导（6分），扣3分。实得总分为77.5分（满分100分）。

（一）"项目管理"评估结果描述

1. 硬件条件指标

硬件条件主要涉及场地物资使用和专职人员安排等。

（1）在场地物资使用方面。5个示范项目点都建在了社区居委会（村委会）所在地，除会泽仙龙社区"儿童之家"与居民聚集地有一段距离外，其余 4 个示范项目点都设在居民比较集中的地方。例如，昆明东郊路社区"儿童之家"位于官渡区吴井街道办事处东南部，东郊路社区辖区面积为 0.42 平方公里，主要街道有东郊路、东二环路、菊苑路；有常住户 2770 户、7273 人，有 12 个驻社区单位，居民楼院 20 个，居民住宅楼 62 幢 170 个单元。该示范项目点作为 5 个示范项目点的资源中心，为其他州市示范项目点开展工作提供了支持。再如，大理福文社区"儿童之家"地处下关镇南片区中部，占地面积为 0.5 平方公里；福文社区有 20 个驻社区单位，居民户数有 3712 户，居民人数为 11214 人，其中未成年人 421 人，有学校两所（西电幼儿园、大理州实验中学）。

5 个示范项目点均有稳定的活动场地，所在地均从居委会、村委会有限的办公用房中挤出相应的房间专门用于开展"儿童之家"的活动，并保证有活动的时候可共享其他公共空间，室内室外活动场地面积均达到指标要求，且安全、干净、卫生。在满足孩子基本活动空间的情况下，各社区充分挖掘现有的社区资源，保障儿童有更多的活动空间。如昆明东郊路社区腾出了整整两层楼的空间供使用，并从区民政局等政府部门协调到资金，携手中心也引入天王表赞助商的资金用于活动场地的装修、装饰，让环境更为适宜；会泽仙龙社区把居委会办公楼一楼的办公室腾出来；元谋张二村社区收回临街的铺面，用于"儿童之家"的建设；陇川景罕村委会"儿童之家"的室内空间相对较小一些，但它开展活动的独特之处是不受空间限制，带活动下乡，把活动开展到了任何一个需要的村子；大理福文社区更是采取与邻近学校共用球场的方式解决室外活动场地的问题。

在活动物资方面。昆明东郊路社区、大理福文社区及元谋张二村社区"儿童之家"由携手中心根据以往开展活动的经验进行了大部分物资的配备；陇川景罕村委会"儿童之家"有以前开展活动的基础，基本没有补充过活动的物资，而且使用社区中的一些资源如泥巴、竹条、棕榈等开展手工活动；会泽仙龙社区"儿童之家"在挂牌之前就根据参观过的友好家园的情况进行了物资的配备。5个示范项目点的物资都得到了很好的使用。

（2）在专职人员安排方面。除元谋张二村社区"儿童之家"外，其余4个示范项目点均配备有专职的管理人员。昆明东郊路社区"儿童之家"除外聘专职人员外，还会每天安排社区里的工作人员于下午下班后一起值班，以保障儿童的安全，专职人员的工资从项目经费中支出；会泽仙龙社区"儿童之家"由县妇儿工委办与县团委协调大学生志愿者承担工作，工资由团委直接支付；元谋张二村社区"儿童之家"主题活动由村书记和陆颖负责，平时由社区里的人员轮流值日，没有专职人员，没有额外的人员经费支出；大理福文社区"儿童之家"可谓是人员配备最到位的，除有专职人员（公益岗位）外，还让妇女专干一起负责活动的开展，外聘人员的工资由项目支出；陇川景罕村委会"儿童之家"负责人是民政局之前就已经在使用的儿童福利院主任兼妇代会委员。

2. 服务内容指标

"儿童之家"的服务内容主要有日常活动、主题活动、家长活动、基本卫生保健服务、制订活动计划等。

（1）在日常活动方面。5个示范项目点都在活动场地内开展了图书借阅、文体物资提供等有益儿童身心发展的活动，对于课业辅导，各个地方与自己的实际情况有关，各有差异。例如，昆明东郊路社区"儿童之家"由携手中心直接与云南师大的志愿者社团合作，大学生志愿者用自己的课余时间每天到社区"儿童之家"提供服务。在昆明东郊路社区内居住的流动儿童比较多，父母忙于生计无暇顾及照料，"儿童之家"成立后，家长及儿童都很高兴，也很支持，有的甚至还亲自把孩子送来。为了培养孩子们良好的学习习惯，一般情况下，在孩子们放学到"儿童之家"时会要求孩子们先完成当天学校布置的作业，再借阅图书和其他文体物资，此后才可以参加其他活动。再如，会泽仙龙社区"儿童之家"因为距社区较远，再加上周一至周五学生放学较晚，社区里又没有小学，儿童都要到旁边的小学上学，放学后基本都没有时间再到"儿童之家"来，所以会带作业来的孩子不是很多，但是从家长的反馈中得知，他们对辅导的效果还是很满意；日常活动以图书借阅、手工制作指导、文体物资提供为主。元谋张二村社区"儿童之家"在刚开始开放的时候，也会有孩子带作业来做，后来因为带的人不多，慢慢的，就没有孩子会带了，日常活动就以图书借阅、文体物资提供为主。大理福文社区"儿童之家"带作业去的孩子也不多，而且对于两个负责人来说，辅导低年级的孩子还可以，高年级的孩子就力不从心了；日常活动就以图书借阅、文体物资提供为主，也会有一些成人平时到"儿童之家"借阅图书。陇川景罕村委会"儿童之家"负责人因自身素质不高，辅导不了孩子的作业，只提供图书杂志的外借，日常活动就以图书借阅、文体物资提供为主。

开放时间均达到要求的每月40小时以上或开放天数达到10天。昆明东郊路社区"儿童之家"是周一至周五下午4：00～6：00开放，周末社区里的家长也没有空送孩子到"儿童之家"来，儿童在往返的路上也不安全，不开放；会泽仙龙社区"儿童之家"周一至周五基本不会有孩子去，但因为"儿童之家"就设在居委会办公楼内，只要居委会工作人员上班就会开放，供前去社区居委会办事和打预防针的儿童使用，周六、周日去玩的孩子较多，就会全天开放；元谋张二村社区"儿童之家"主要是周六、周日开放，周一至周五基本没有孩子去，居委会办公室就在活动室旁边，看到有孩子去也会开放；大理福文社区"儿童之家"周一至周五也没有孩子去，只有几个成人会去借书，所以按正常上班时间开放，周六的下午也开放；陇川景罕村委会"儿童之家"每天下午 4：00 ~ 6：00 开放，周六、周日上午开放半天，因气候较热，担心孩子们中暑，下午不开放。

（2）在主题活动方面。在开展初期，主题活动对于 5 个"儿童之家"的负责人来说都是一个挑战，他们没有社会工作的背景或基础，大家既不知道做什么，也不知道如何做，往往把活动想得很复杂。针对这一情况，携手中心首先组织了活动方案策划、活动组织方法技巧的培训，让大家对主题活动的组织提前有一个大致了解，然后利用假期带着志愿者到各示范项目点与"儿童之家"负责人一起边组织活动，边对每一个环节做经验总结分享，最后提供多种处理问题的方式供参考。携手中心在刚开始时都会鼓励大家以小的但能活跃气氛的活动开始尝试，然后再慢慢加入主要宣传内容的考虑。所以到后期，各个示范项目点的主题活动也慢慢多起来。

值得一提的是，陇川景罕村委会"儿童之家"把活动带到周边的村寨去开展，结合当地的民风民俗，以传承民族文化，也利用社区内的天然资源如泥巴、竹条、豆子等开展活动，活动虽小，却很有意义；会泽仙龙社区"儿童之家"把当地特产用手工表现出来后上墙作为布置的装饰；大理福文社区"儿童之家"

组织儿童及家长听"车让人"交通安全知识讲座，以及开展儿童寒假兴趣比赛、儿童"三清洁"保护洱海——捡垃圾、暑假趣味园地、参观福利院等活动。昆明东郊路社区"儿童之家"有携手中心的直接操作，社区也积极协调社区内的企业利用各种节日为孩子们举办活动，所以它是活动内容最为丰富的一个示范项目点。总体看，活动内容丰富多彩，有一定吸引力，能回应社区儿童的需求，能做到主题活动每月至少开展一次。

（3）在家长活动方面。家长活动是除昆明东郊路社区"儿童之家"之外其他几个示范项目点所有活动中效果最弱也最难开展的活动。对于家长活动，需要邀请到专业知识人员才能开展，而且家长的时间也很难集中。对于昆明东郊路社区"儿童之家"的家长活动，携手中心针对该社区大多数人口是外来人员，卫生保健知识不足，居住环境较差的情况，邀请社区医院的医务人员到社区做了关于卫生和保健方面的知识讲解，并向老年居民开展养生课堂，更在母亲节等节日里开展了一些亲子活动。陇川景罕村委会"儿童之家"的家长活动，则由负责人直接做了青春期和亲子方面的讲解；会泽仙龙社区"儿童之家"基本都是围绕食品安全开讲座；元谋张二村社区和大理福文社区"儿童之家"则做得不是很多，尤其是张二村社区，基本达不到每季度一次的要求。

（4）在基本卫生保健服务方面。能保持"儿童之家"室内外卫生干净整洁，儿童之家内的玩具、游乐设施、办公桌椅等摆放整齐，并定期对玩具和物品进行消毒。能通过黑板报、宣传窗、讲座等多种途径和形式，对儿童及家长开展交通安全知识的宣传，增强家长及儿童的意外伤害预防意识，对儿童进行个人卫生与良好卫生习惯培养、体格锻炼指导、安全与自我保护教育。

（5）在制订活动计划方面。在"儿童之家"建设示范项目点成立之初，携手中心就指导各示范项目点做了当地需求调查，并根据调查结果，制订了各示范项目点的全年活动计划。在活动开展过程中，会根据大家对"儿童之家"使命的掌握情况和举办活动的经验适时对计划做出修改和调整，以求让活动更符合社区的实际需求。在每次活动开始之前，会通过各种各样的方式通知社区居民，如昆明东郊社区"儿童之家"就是以张榜和口头通知及家长签署同意书的方式进行事前通知；会泽仙龙社区"儿童之家"在开展"快乐暑假"活动时，是通过发朋友圈、电话通知、村小组长宣传的方式进行事前通知；元谋张二村社区"儿童之家"也是通过打电话和借居民互传的方式通知；大理福文社区"儿童之家"不仅仅让孩子们相互邀约，更是上门到户通知；陇川景罕村委会"儿童之家"则主要通过打电话和让家长委员会协助组织的方式通知。

（6）特殊需要儿童的保护和服务。"儿童之家"的建设时间还不是很长，特殊需要儿童方面的工作开展得不是很多，昆明东郊路社区"儿童之家"对特殊需要儿童进行了长时期的入户照顾；陇川景罕村委会"儿童之家"也结合民政局儿童福利工作给予了特殊需要儿童关心照顾；大理福文社区"儿童之家"利用春节、元旦、六一、助残日对社区困难儿童、残疾儿童、流动和留守儿童进行慰问，并为特殊需要儿童建立档案，以进行跟踪管理，定期开展关爱和关护活动。

3. 管理制度指标

管理制度主要包括人员管理、档案管理、服务管理。

（1）在人员管理方面。儿童委员会、家长委员会、志愿者团体是"儿童之家"里的三个自治组织，它们的作用不仅仅在于协助"儿童之家"的负责人开展工作，更有助于推动社区里的居民参与到社区治理中来，让活动更符合社区的实际需求。携手中心在到各个示范项目点做实地督导时，也会把它们的相关人员召集起来做培训。现在所有示范项目点均已成立了这三支队伍，但它们在短时间内就发挥作用是不太现实的。昆明东郊路社区"儿童之家"有稳定的志愿者队伍，儿童委员会也已经开始协助工作，家长委员会甚至已经在区级的层面做了备案；会泽仙龙社区"儿童之家"的三支队伍都已经成立，儿童委员会的成员都是基于自愿原则从参加活动比较积极的孩子中挑选出来的，志愿者有社区工作人员，有辖区内企业里的人员，也有单位上的工作人员，到目前为止，与志愿者相比，家长委员会的成员活动参与程度低，它们很少参加活动；元谋张二村社区、大理福文社区"儿童之家"则是志愿者参与较为积极，但儿童委员会、家长委员会的成员参与活动不多；陇川景罕村委会"儿童之家"的儿童委员会、家长委员会和志愿者都分散在各个村寨，负责本村寨活动的召集和提供相关协助。

（2）在档案管理方面。在实施项目培训时，携手中心要求有活动方案、主题活动总结、日常活动签到记录，以及每半月交一次工作简报、每季度交一次季报。完整的资料不仅要有文字和数据，而且需要有适当的图片和视频，所以在简报和季报中，也会特别留出展示活动图片的位置。对此，各个示范项目点都已做到。在对大理福文社区"儿童之家"的实地调查中，能看到有会议、日常活动记录及图片资料的收集、整理、归档，以及相关物资（包括设备、玩具、图书、体育器材等）的目录清单。

（3）在服务管理方面。建立了年度工作总结制度、建档立卡制度、定期调查制度以及活动制度。在每次实地督导时，携手中心工作人员都会与各个负责人和相关人员一起总结工作的情况，并根据实际情况做调整，以求活动能切合实际的需求。活动中的发现和决定，携手中心也会反馈给各相关方，以求对活动进展进行督导。

（二）"项目督导"评估结果描述

1. 州/市妇儿工委督导

"儿童之家"的工作中，政府承担着主导的角色，州市级层面更多是政策和资源的支持。除德宏州妇儿工委做到每季度一次到陇川景罕村委会"儿童之家"进行督导外，昆明市、楚雄州、大理州、曲靖市妇儿工委都没有做到每季度一次的督导，尤其是大理州妇儿工委，基本没有在大理福文社区"儿童之家"出现过。

2. 县/市妇儿工委督导

昆明官渡区妇儿工委对昆明东郊路社区"儿童之家"的关注度比较高，在督导工作中会听取并提出一些建设性意见。会泽县妇儿工委与仙龙社区"儿童之家"保持着较高的沟通频率，还协调成员单位到仙龙社区"儿童之家"开展活动。元谋县妇儿工委更是把元谋张二村社区"儿童之家"的建设要求反映到县政府的层面，得到了县政府的支持。大理市妇儿工委在2014年上半年对福文社区"儿童之家"的工作不闻不问，这一状况直至2014年下半年才有所好转，支持力度相对弱一些。陇川县妇儿工委的督导在2014年上半年也是不理想的，它很少实地督导。

3. 县/市妇儿工委各成员单位督导

昆明东郊路社区不仅到各级政府部门积极协调资源投入"儿童之家"的建设中，而且发动辖区里的企业参与进来开展活动，如在儿童节时从企业协调到书包作为孩子们的节日礼物，还在儿童生日会时为过生日的孩子们购买蛋糕。会泽仙龙社区有会泽县妇工委成员单位到"儿童之家"开展卫生知识、食品安全宣传并组织开展了"快乐暑假"活动。元谋县更是把"儿童之家"项目影响到了县政府的层面。大理福文社区"儿童之家"得到福文社区辖区内不同单位在人力及物力上的支持，如公交公司提供了敬老活动的外出车辆等。陇川县景罕村委会"儿童之家"得到的支持是最少的。

4. 村委会/社区居委会督导

所有社区居委会（村委会）都把"儿童之家"的工作列入年度工作计划中，并安排专人负责管理和协助，也会在辖区内宣传"儿童之家"项目，积极协调争取更多的资源，如辖区内企业、学校、医院、社会工作者的资金、人力支持。

5. 儿童委员会、家长委员会及志愿者对"儿童之家"督导

各个示范项目点的儿童委员会、家长委员会及志愿者队伍都才成立不久，没有社会工作经验，参与程度不高，在促使这三支队伍发挥作用方面还需要加强和改进。

二 "儿童之家"建设示范项目的工作经验

（一）坚持因地制宜，积极开展了各具特色的"儿童之家"工作

昆明东郊路社区地处城乡结合部，人口结构复杂、人员流动量极大、人口素质参差不齐，这些给社区环境治理、计划生育、治安管理等工作带来了许多难题。特别是在附近的菊花小学、五里小学等上学的小学生四点半放学以后，不是在家里自己玩，就是在大街小巷和其他小朋友一起玩，家长不放心，孩子也不安

全。于是，社区"儿童之家"整合现有资源，开办了东郊路社区"四点半学校"。如今，"四点半学校"最大的亮点就是"学生上课辅导全免费、大学生志愿者任教师"。随着东郊路社区"四点半学校"在辖区内的影响力逐渐扩大，参加该活动的孩子数量不断增加，经社区统计，每天到"四点半学校"上学的孩子数量已增加至30余人。经过一年的发展，东郊路社区"儿童之家"无论是从资源的撬动上看，还是从活动的开展方面看，都真正起到了资源中心的积极作用，成为各示范项目点"儿童之家"项目的参观培训点。不同层面、不同机构的参观交流，只要涉及儿童、涉及"儿童之家"的内容，都会到东郊路社区"儿童之家"参观。

对于其他4个示范项目点，携手中心每半个月会通过电话、QQ、电邮等方式做一次工作进展的日常督导，侧重点在工作的衔接、进展安排、活动计划的执行情况，以及一些实时问题的解决；每季度会做一次实地的督导，通过回顾活动，听取各方意见和问题，对此前的工作做一些修正，并结合提到的困难分享以往的工作经验和技巧，就关键的问题达成共识。除了定期的督导外，携手中心还会组织"儿童之家"的相关人员到昆明培训或去其他机构参观交流，分享携手中心十多年来引入资源、开展活动的经验，也会从其他机构开展活动的经验中寻找更多的思路和灵感。经过一年的培养，陇川景罕社区也脱颖而出，在活动内容的丰富、对特殊需要儿童的关照方面都做得相当出色。其余3个示范点也从刚成立，或成立后活动内容很少，朝着活动多样化方向发展。

（二）重视资源整合，采取社会组织购买式服务

云南省妇女儿童工作委员会办公室与携手中心合作开展省级

"儿童之家"建设示范项目，双方派遣人员共同成立了项目管理团队。云南省妇女儿童工作委员会办公室主要负责项目协调、资金投入、政策保障，携手中心主要负责技术支持（项目设计、活动开展）、资金投入、项目管理（培训、督导、评估）。双方定期或不定期对项目实施进展、指标追踪情况等进行检查督导。云南省妇女儿童工作委员会办公室参与对市、州项目的督导并在项目中负责协调市、州项目，携手中心则负责项目的具体实施、承担专业社工督导工作等。携手中心作为本土社会组织，充分发挥机构优势，在服务内容的设计及督导方面提供技术支持与指导，确保 5 个示范项目点高质量完成目标。

云南省省级"儿童之家"建设示范项目打破了普通项目的管理和服务体系，透过社会组织资源中心向市、州社区基层服务平台辐射，开展支持性的专业培训与督导工作，倡导社工专业理念及价值观，推动基层社工运用专业、务实的精神开展工作，提升服务水平与质量，体现了党的十八大以后政府倡导的"多元主体参与社会治理"的理念。

（三）项目实施保障措施得力

1. 制度保障

（1）建立信息反馈制度。由于示范项目点分散，为加强对各示范项目点的督导和培训，拟建立半月工作简报和季度工作简报制度。各示范项目点须每半个月和每个季度提交一份工作简报，反馈携手中心的项目统筹，以促进各示范项目点信息的交流及工作的开展；负责各示范项目点督导工作的社工要定期通过电话、电邮及时反馈各示范项目点的项目进度。

（2）建立督导制度。携手中心社工每次督导各示范项目点时，需要填写督导记录表，以确保每次督导的质量。在每季度一次的实地督导时,携手中心会对示范项目点的社工、社区骨干和志愿者做社工培训。督导过程中要及时帮助解决服务中遇到的问题和困难。

(3)建立项目管理制度。一是携手中心依法设立理事会。理事会是最高权力机构,负责对机构必要的运作经费和资源进行有效的管理,并代表机构接受公众问责。二是携手中心设立监事会。监事会有权审查携手中心的财务管理事项及其他管理事宜,审阅携手中心的理事会会议记录和一切需要审阅的文件、记录等;对携手中心理事、主任违反法律、法规或章程的行为进行监督;当携手中心的理事或主任的行为损害本单位的利益时,要求其予以纠正;审阅携手中心每年的审计报告。

(4)建立报告制度。携手中心定期对外公布工作季报、年中报告、年终报告等资料,并对项目资金使用情况进行公示。

(5)完善志愿者管理制度。完善对志愿者的管理如招募、登记、培训、跟进等,协调志愿者参与中心工作,建设志愿者队伍,如对志愿者团队进行培训,以确保志愿者队伍的作用有效发挥、志愿者服务工作有序开展。

2. 专业人员保障

由携手中心及大专院校提供专业人员支持。携手中心作为一个运作了10余年的专业社会工作服务机构,有着健全的人事、财务及项目运作等方面的管理机制,是一个成熟的社会组织。携手中心里具有5年以上社工经验的工作人员占70%,团队较为稳定。携手中心与各企业、媒体、基金会及政府相关职能部门、社区群众等都有良好的合作基础和信任关系。云南省妇儿工委办公室有着强有力的行政协调能力,并有大量经验丰富的社工。双方合作形成的专业社工团队为云南省省级"儿童之家"建设示范项目的实施提供了人才队伍保障。

3. 经费保障

云南省省级"儿童之家"建设示范项目由云南省妇女儿童工作委员会办公室与携手中心合作开展，双方合作开展项目的目的是探索社区儿童保护体系建设的机制及模式，为云南省乃至全国全面推进建设社区儿童保护体系、按照国家及省级规划儿童发展目标建设"儿童之家"积累经验，发挥示范作用。其中，云南省妇儿工委办公室为该项目提供 20 万元资金，同时已为 5 个示范项目点各配置价值 5000 元的图书。携手中心配套 20 万元支持"儿童之家"建设示范项目顺利开展。按照有关财务管理规定，云南省妇儿工委办公室将项目资金统一拨付携手中心，携手中心负责项目经费的管理使用，云南省妇儿工委办公室负责项目资金的监督检查，确保项目资金专款专用。双方的项目资金主要用于项目管理、活动开展及作为部分工作经费。具体经费来源情况参见附录表 1。

三 "儿童之家"建设示范项目工作下一步值得思考的几个问题

（1）"儿童之家"建设示范项目中，昆明东郊路社区、大理福文社区、会泽仙龙社区"儿童之家"位于城市或城郊，元谋张二村社区、陇川景罕村委会"儿童之家"则设在农村。城市社区的儿童因平时都要上课，周末大多数又忙于补课、请家教，"儿童之家"的活动存在儿童、家长参与性不高的问题，今后要进一步思考如何增强"儿童之家"的吸引力。而对于离居民聚集地有一定距离的"儿童之家"，如会泽仙龙社区"儿童之家"，工作开展就比较艰难，大多数的精力都放在了如何吸引学生上，而且工作成效一直都很不明显，因而工作人员的自信心和热情受到很大的考验。所以建议"儿童之家"今后建立在居民相对集中的地方。

（2）示范项目周期只有一年，资金的持续性成为问题。"儿童之家"示范项目结束后，"儿童之家"项目如何维持、资金从什么地方出是各个示范项目点一直在提的问题。在《云南省妇女发展规划》《云南省儿童发展规划》的计划中，由当地政府接手是肯定的，但是怎么接？具体哪个部门接？就目前的示范情况看，与社会组织合作开展，也是项目交接的一种方式。我们希望寻找到更多资源来支持"儿童之家"项目。

（3）"儿童之家"项目必须要有专职人员具体负责。社区居委会（村委会）工作庞杂，人员不足，很难长期给予"儿童之家"支持，而志愿者大多早出晚归，很难持续提供服务。希望社区公益性岗位的安置问题能够得到考虑，以弥补工作人员的不足。建议通过政府购买公益性岗位、社会专业机构合作等方式，解决"儿童之家"缺乏专业服务人员的问题。

（4）"儿童之家"项目搭建的是一个平台，要达到在社区完善儿童保护体系的目的，不会也不可能包揽所有与儿童相关的工作，这就需要有兄弟单位的进入，而这些单位的资源如何利用，各地可按照自己的特点和需求积极探索。例如，会泽仙龙社区"儿童之家"就与医疗部门合作较多，经常组织食品安全和医疗保健方面的活动；大理福文社区"儿童之家"虽然兄弟单位直接开展的活动较少，但是它们在志愿者的提供和车辆支持方面力度很大。

（5）"儿童之家"的工作和模式对大家来说都比较新，如何深入开展工作还需进一步探索。第一年的示范项目期，是氛围的营造、期望达成共识的时期。因"儿童之家"的活动内容包罗万象，各个项目点只有从自己社区最容易找到的资源以及具体需求出发，把工作做起来，才能带动其他工作的全面开展。建议各个项目点找到自己的突破口，把一个点做起来，再不停地累加。

（6）为了体现政府主导，省、州、县都有对"儿童之家"的督导任务，但都没有写明要督导什么内容，怎么督导。尤其对于州、县的妇儿工委来说，职能比较模糊，各自根据自己的理解和经验督导，结果也就千差万别。这种情况可能也与各级妇儿工委对项目的理解程度有关，也需要对此进行深入研究。

附录

表1 2014年各省级"儿童之家"建设示范项目点投入统计

单位：万元

示范项目点	省级投入（万元）			其他投入（万元）	
	预计投入金额	实际投入金额		投入方式/金额	来源
		云南省妇儿工委办	携手中心		
昆明东郊路社区	8	4	14.9	多媒体/1	市妇儿工委办
				装修投入/5	市民政局
				桌椅/2	区民政局
				图书/0.5	省交通设计院
				图书/0.5	省妇儿工委办
		实际投入合计		27.4	

续表

			图书/0.5	省妇儿工委办
会泽仙龙社区	8	3.9	资金/2	县妇儿工委办
			物资、培训等	
		4	资金/2	宝云街道
			活动/0.5	各成员单位合计
			免费体检	社区卫生所
			日常投入/5.1	社区自支
	实际投入合计			18
元谋张二村社区	8	4	图书/0.5	省妇儿工委
			图书及物资/0.7	县妇儿工委
		4	活动支持	元谋义工在线
			活动经费/0.5	社区自支
	实际投入合计			9.7
大理福文社区	8	3.5	图书/0.5	省妇儿工委
			物资/0.2	市妇儿工委
		4	活动车辆	大理水务公司
			活动车辆	公交总公司
			活动经费/0.5	社区自支
	实际投入合计			8.7
陇川景罕村委会	8	4.6	4	图书/0.5	省妇儿工委
	实际投入合计			9.1

注：有些成员单位的投入是以活动的方式并自带物资体现的，不便于统计，所以部分数据缺失。

子报告6　云南省社会组织参与政府购买服务效果思考

——以云南省社会组织能力建设培训示范项目为例

随着社会组织数量、规模及活动范围的不断扩大，它们对社会的作用不断凸显，逐渐成为政府购买服务的有力承担主体。2012年，政府购买社会组织服务践行于中国各地，其中，地处西南边疆的云南省就立项了20个政府购买社会组织服务项目。本文以具有一定代表性的"云南省社会组织能力建设培训示范项目"为分析文本，采取对参训对象进行满意度问卷调查的方式，分析云南省政府购买社会组织服务的实施效果，从而提出加大财政投入、扶持更多社会组织的参与，明确政府购买服务项目的范围、程序，建立健全政府购买服务的监督机制，政府购买服务应公开透明，完善政府购买服务的绩效评价以及社会组织要加强自身建设和对承担的项目进行自评估等有助于推进云南省社会组织参与政府购买服务的对策。

一　引言

政府购买服务起源于西方国家，在美国被称为购买服务合同或合同外包；在国内，香港称之为社会福利服务资助，内地一般称之为政府购买服务。所谓政府购买服务是指政府从社会公共服务预算中拿出经费，向各类提供公共服务的社会服务机构，直接拨款资助服务或公开招标购买社会服务。①

目前，政府购买服务的范围主要是公共服务领域，如教育、公共卫生、文化等。而在一系列较为严格的操作程序和监管制度下，政府购买服务的主要承接主体为社会组织，为人民日常生活提供服务的事项，政府交给有资质的社会组织来完成，并根据社会组织提供服务的数量和质量，在按照一定的标准进行评估后支付服务费用，这是一种"政府承担、定向委托、合同管理、评估兑现"的新型政府提供公共服务的方式。

"社会组织"是中国特殊语境和制度环境下的概念。国际上一般称之为"民间组织""非营利组织""非政府组织""第三部门"等。我国使用"社会组织"不仅使之更具有综合性和包容性，而且突出了我国此类组织的社会属性，即来源于社会、服务于社会、独立于政府、贴近社会民生的特性。2006 年 10 月，党的十六届六中全会通过的《中共中央关于构建社会主义和谐社会若干重大问题的决定》第一次正规地使用了"社会组织"的概念。社会组织是指"依法建立的、相对独立于国家政府系统，以社会成员的自愿参与、自我组织、自主管理为基础，以社会公益活动或者互益活动为主旨的非营利性、非政治性、非宗教性的一类组织"，主要包括社会团体、基金会、民办非企业单位和社区活动团队等。Dennis Young 认为世界上没有一个国家的社

①　谢海山：《国内外政府购买服务的简要历程》，《社会与公益》2012 年第 8 期，第 37～38 页。

会组织是完全独立于政府存在的，它们对政府的依赖是很强的，尤其是在财政支持方面。但社会组织和政府可以形成一种合作互补关系，即政府提供资助、社会组织提供服务。[①] 党的十八大更加明确地提出："改进政府提供公共服务方式，加强基层社会管理和服务体系建设，增强城乡社区服务功能……引导社会组织健康有序发展，充分发挥群众参与社会管理的基础作用。"

随着数量、规模及活动范围的不断扩大，我国社会组织对社会的作用不断凸显，已参与到社会的各个领域，成为现代化建设的重要力量。云南省地处西南边疆，截至 2015 年 6 月 30 日，全省社会组织总数为 21085 个，其中社会团体 14167 个、民办非企业单位 6829 个、基金会 89 个；涉及教育、科技、卫生、劳动、民政、工商、农业、体育、文化、金融和对外交往等社会生活的各个领域。

2000 年，上海率先在改革社会管理体制时提出并推行政府购买服务；此后，全国的其他一些城市也纷纷进行了这方面的探索和实践。[②] 云南省的政府购买服务起步较晚，始于 2009 年 12 月，省级行政事业单位聘用会计、造价咨询、资产评估等中介服务首次被纳入政府购买服务范畴，并通过公开招标的方式将云南省 99 家会计师事务所、造价咨询机构和资产评估机构等中介服务定点机构纳入政府购买服务的购买主体目录。中标的购买主体在自 2010 年 1 月 1 日起到 2011 年 12 月 31 日止的 2 年资格有效

[①] Dennis Young, "Alternative Models of Government – Nonprofit Sector Relations: Theoretical and International Perspectives," *Nonprofit and Voluntary Sector Quarterly* 1 (2000): 149 – 172.

[②] 谢海山：《国内外政府购买服务的简要历程》，《社会与公益》2012 年第 8 期，第 37 ~ 38 页。

期内参与了云南省省级行政事业单位涉及会计、审计、绩效评价、造价咨询、资产评估、项目预（结）算、决算评审、财政专项资金检查等的相关服务项目。①

　　发展较为蓬勃的时期是"2012 年中央财政支持社会组织参与社会服务项目"的确立时期。2012 年，中央财政安排专项资金 2 亿元，支持社会组织参与社会服务。在由各级社会组织登记管理机关送到评审委员会的 901 个项目中，377 个项目获批。其中大约 5000 万元用于支持资助 150 个左右的西部地区社会组织开展社会服务活动。重点资助四川、云南、青海等西部地区中有代表性、符合申报条件的社会组织开展项目。云南省于 2012 年 4 月 20 日，申请立项 20 个，涉及资金 640 万元。确定了资助社会组织开展四类项目，即发展示范类项目、承接社会服务试点项目、社会工作服务示范项目、人员培训示范项目。中央财政支持社会组织参与社会服务项目的确定不仅说明我国的社会组织参与政府购买服务已经步入实施阶段，而且说明社会组织在社会发展及政府职能发挥中起到了一定的积极作用。

二　云南省社会组织能力建设培训示范项目效果分析

（一）云南省社会组织能力建设培训示范项目概况

　　云南省地处西南边疆，辖区有 16 个州（市）、129 个县市区，其中民族自治州 8 个、民族自治县 29 个、国家重点扶持县（市、区）73 个。为了提高云南省省、市（州）、县市区社会组织的自我发展能力、核心竞争力、社会公信力和服务社会的能

---

　　①　《云南政府购买公共服务再添亮点》，标准论文网，http：//www.bzlunwen.com/shiyedanweihuiji/370.html，2012 年 12 月 9 日。

力，提供社会组织规范化、标准化、市场化、法制化运作的方式、途径和措施，云南三方社会组织评估服务中心（以下简称"中心"）承担了开展"云南省社会组织能力建设培训示范项目"的重任。此项目针对16个州（市）民政局民管科科长、工作人员，昆明、大理、丽江、红河、临沧5个州（市）的部分社会组织负责人，以及困难地区和少数民族地区的社会组织工作人员进行了执法培训、评估培训及业务培训等。此项目不仅符合政府要求和社会需要，而且对具有一定规模且各方面都规范的社会组织，在提升品牌、战略规划、项目管理与筹资策略及全面推动能力提升上有积极的作用。因此，以云南省社会组织能力建设培训示范项目为研究基础，不仅能够促进云南省社会组织争取政府购买服务项目和提升社会服务能力，而且对云南省社会组织参与政府购买服务的效果研究有参考价值。

（二）问卷调查数据统计

问卷调查主要从培训设计（包括目标设定、课程设置、师资配备）、培训实施（包括教学内容、教学方法、教学水平）、培训管理（包括学员管理、服务质量）、培训效果（对推动工作帮助程度、对个人成长帮助程度）4个方面收集参训人员对本次培训的评价信息，评价级度分为：很满意、满意、较满意、一般、不满意，按照《顾客满意度测量程序》，对其分别规定了1.0、0.8、0.6、0.4、0五个级度分值，并给评价内容确定了相应的权数（培训设计权数0.2、培训实施权数0.3、培训管理权数0.1、培训效果权数0.4）。在培训期间，中心工作人员始终保持了热情负责的服务态度、井然有序的教务管理，以最大的诚意做好了会务工作，达到了参训人员满意、老师满意的效果，圆满完成了教学任务。参训人员反馈对中心的工作给予了高度评价。

为了更好地了解此次政府购买服务的效果，对此次参训的人员进行了满意度的调查，现将具体参训人员满意度调查结果分析如下。

1. 调查方法

本次调查采用的方法是问卷调查法，即向参训人员发放"满意度调查表"。

2. 调查表发放与回收统计

本次调查共发出调查表175份，收回调查表175份，回收率为100%。

3. 调查表数据统计

对收回的参训人员满意度调查数据（见表1）进行统计，结果如下：（1）培训设计满意度为92.91%；（2）培训实施满意度为91.92%；（3）培训管理满意度为89.49%；（4）培训效果满意度为90.34%；（5）对培训的综合满意度为91.25%。

表1 云南省社会组织能力建设培训示范项目满意度调查结果

评估内容	评估指标	评估等级					小计
		很满意 (1.0)	满意 (0.8)	较满意 (0.6)	一般 (0.4)	不满意 (0)	
培训设计 (0.2)	目标设定	117	53	4	1	0	0.1858
	课程设置	114	54	7	0	0	
	师资配备	127	42	6	0	0	
	小 计	358	149	17	1	0	
培训实施 (0.3)	教学内容	115	51	9	0	0	0.2758
	教学方法	108	56	10	1	0	
	教学水平	117	52	6	0	0	
	小 计	340	159	25	1	0	

评估内容	评估指标	评估等级					小计
		很满意 (1.0)	满意 (0.8)	较满意 (0.6)	一般 (0.4)	不满意 (0)	
培训管理 (0.1)	学员管理	100	62	8	3	0	0.0895
	服务质量	105	56	11	3	0	
	小　计	205	118	19	6	0	
培训效果 (0.4)	对推动工作 帮助程度	104	60	10	1	0	0.3614
	对个人成长 帮助程度	104	58	11	2	0	
	小　计	208	118	21	3	0	
总　　计		0.9125					

4. 调查表数据汇总分析

通过对收回的 175 份调查表的数据进行汇总分析，得综合满意度为 91.25%。从这一点上看，参训人员对这次培训综合满意度达到 90% 以上，对项目的执行效果给予了极大的肯定。

（三）对满意度调查结果的分析

1. 培训筹备工作准备充分、管理有序、服务到位

承办方在培训前期制定了完善的实施方案、执行计划、资金使用管理办法、项目档案管理办法等，为后期工作的开展奠定了坚实的基础。在培训期间，在教学内容丰富、教学水平高、教学方法好，有针对性的基础上，采用教学互动模式，以便提供授课专家与参训人员积极沟通交流的机会。通过师生间的互动，此次培训不仅解答了个别参训人员的疑问，而且对普遍的社会组织在认清形势，明确任务，切实规范管理，服务社会，充分发挥表率、示范和带头方面起到了积极的作用。这样的互动模式不仅增

加了社会组织之间的沟通机会，而且对激发社会组织管理人员、社会组织负责人的积极性有一定的作用。对项目的执行效果，《云南日报》《中国信息报》及部分社会组织网站等给予了极大的肯定。

2. 师资力量雄厚、课程设置合理紧凑，教学内容丰富实用

在授课专家聘请方面，承办方做了详细的论证和大量的前期准备，所聘请的授课人员都是在本领域具有一定知名度和具有丰富社会组织管理经验的领导和专家学者，包括民政部专家、清华大学 NGO 研究所专家、云南省民政厅民管三处领导、云南省委组织部组织三处领导、云南大学教授、云南财经大学教授及"云南省社会组织评估专家人才库"中的专家等。同时培训的课程主要结合云南省困难地区和民族地区社会组织的特点和需要设置，以提高社会组织自我发展能力、核心竞争力、社会公信力和服务社会能力为宗旨。在课程设置方面更具科学性、前瞻性、实用性、可操作性和关联性，培训合格的人员在工作中可以直接运用所学知识。此次培训不仅提高了民政干部在新时期对社会组织的管理能力，而且增强了社会组织负责人的规范化管理能力。为社会组织的管理工作打下了较坚实的基础，使社会组织对如何在国家相关政策内开展相应工作有了清晰的概念，对社会组织的管理建设有一定的指导作用。

3. 培训对象明确化、统一化，受益效果显著

此次培训的参训对象分为两类，即民政部门管理人员和社会组织负责人。但培训采用统一培训的方式，让管理者与被管理者同时了解与学习到相关的职责与服务等内容。可以说两类参训群体在此次培训中受益良多。对于民政部门管理人员来说，专家对社会组织政策法规体系、社会组织管理和行政执法制度进行了详

细的介绍，并切合社会组织的现实情况，介绍了社会组织与民政部门的相关性，让他们对社会组织有了进一步的了解和认识，也深刻体会到社会组织在社会各领域的作用。同时，此次培训也对社会组织管理人员有较强的指导意义，使社会组织管理人员对社会组织管理有了更明确的方法和措施。对社会组织的负责人来说，培训专家系统明了地讲授了社会组织的相关知识，并以案例方式对相应的社会组织做了较细致的分析，使较基层且学历相对较低的社会组织负责人也能真正明确了解社会组织的定义及基本属性。另外，专家从社会组织的发展概况与趋势、社会组织党的建设、社会工作方法在社会组织工作中的运用、社会组织项目管理、社会组织财税制度、社会组织评估制度六个方面为社会组织负责人进行了全面的理论联系实际分析讨论，让社会组织负责人更清晰地认识到自己组织存在的问题。并以社会组织的发展为重点，对参训人员所在社会组织的工作方式和发展方向提供了建议，使其全面了解了社会组织的功能和性质，理清了社会组织的发展思路。

4. 参训人员对下一步培训的具体建议

一是增加参训群体、实行分类培训，增加培训内容，同时定期举办类似的培训，并在有条件的情况下，允许参训人员有针对性地与专家互动交流，进行实例探讨。同时建立网络信息平台，将与社会组织相关的法律法规、政策知识上传至信息平台，方便阅读下载和交流。二是多对基层社会组织工作人员开展相关的培训活动，提供可以观摩的"先进社会组织"模式，同时培训内容多与参训组织的实际情况相结合，开展不同类型社会组织的专题讲座，尽量实现一对一的指导，以提升社会组织的整体能动性。三是在项目上积极争取政府更多的资金支持，同时给予社会组织比较宽松的政策环境，结合云南省社会组织的具体情况，尽量覆盖更多的社会组织工作人员，并经常开展阶段性培训。

三　推进云南省社会组织参与政府购买服务的对策

云南省社会组织能力建设培训示范项目是民政部首次向中央财政争取资金支持社会组织参与社会服务的项目之一。此次购买服务预示着云南省部分优秀社会组织在配合政府职能转变、承接部分社会管理和社会服务职能、推动政府购买社会组织服务方面迈出了坚实的一步，也为今后社会组织继续承接政府转移职能积累了经验、夯实了基础。但要推动政府购买社会组织服务，还需做进一步的努力。

（一）加大财政投入，扶持更多社会组织的参与

一是相应加大财政投入，扶持更多的社会组织参与公共服务；二是建立政府与社会组织良性互动的合作关系；三是完善政府购买服务的制度规则；四是重点扶持草根型社会组织，做到政府合理让渡、规范引导，发挥政府购买服务资金的导向作用和激励作用，以提升社会组织的感召力和责任度，最终促进社会组织的建设与发展。可以借鉴广东省的做法，广东省各地对政府职能转移和购买服务进行了创新，启动了6家行业协会商会承接政府职能改革试点；深圳将3500万元福利彩票公益金作为向社会组织购买服务的"种子基金"，对社会组织实行政府公共服务竞标机制；珠海与30家社会组织签订协议，将88项政府职能转移给社会组织，形成政府向社会组织转移职能常态化机制。云南省也可以探索通过政府购买服务形成这样的常态化机制，以实现社会组织提供服务的可持续性与稳定性。同时政府在购买服务的过程

中也应适当考虑承接政府职能的主体所在地的情况，对于经济发展较缓慢、各种条件较落后地区的社会组织给予一定的优惠政策，以降低社会组织争取获得政府购买服务的门槛，从而在有效执行政府购买服务项目的过程中，不断提升该地区公共服务能力、地方治理能力。应着力防止政府购买服务过程中的形式主义以及地方保护主义，政府应大力宣传其作用，在考核社会组织参与政府购买服务能力的基础上，培育及扩大政府购买服务的市场，以实现"小政府、大社会"的目标。

（二）明确政府购买服务项目的范围、程序

随着政府购买服务类别的增多、范围的扩大、深度的加强，政府应该根据不同公共服务的特点，加强对政府购买服务中程序、方式和实施的适当研究，同时适时调整和出台政府购买服务的规章制度，从而确保政府购买服务项目的有效实施。具体实施中，政府应该对购买范围、购买程序、购买内容、服务要求、提供服务者的资格、合同签订、实施进展、服务反馈及违约责任等具体内容做相应的规定，以保证政府购买服务项目的顺利有效执行。政府在采取向他方购买服务的方式时，应该明确政府购买服务的范围，应根据公共服务的性质，确定政府不可购买的范围，如国防、外交、环境等。在做好市场化的制度设计及对承接主体的资质考虑下，确定可以由政府采取购买方式提供的服务范围，如市政基础设施建设、法律服务、宣传培训、社区事务、公益服务等可交由民营部门、非政府部门来承担。同时为了更好地向广大社会公众提供公共服务产品，让更多的人享受到社会经济发展的成果，在现有基础上，公共服务购买范围还应进一步扩张到就业、残疾人服务、公共卫生、环保绿化等领域。

（三）　建立健全政府购买服务的监督机制

当政府因工作需要确实需要向社会组织购买服务时，应根据《中华人民共和国预算法》《中华人民共和国政府采购法》《中华人民共和国合同法》《关于政府向社会力量购买服务的指导意见》（国办发〔2013〕96 号）等的有关规定组织实施政府购买服务项目；同时社会组织应该按照政府购买服务的相关规定，采取公开竞争的方式获得政府购买服务对象的资格。在政府购买服务过程中，在打造良好的运行机制的同时，还应做好政府购买服务过程的监督管理，因为它是实施效果的有力保证。政府在监督的过程中应该有章可循，相关职能部门应该为政府购买服务创造一定的政策环境，对承接主体采取网络型的治理，与承接主体沟通与交流，最终实现对承接主体有效的指导与监督。

（四）　政府购买服务应公开透明

对于政府购买公共服务，应建立完善的财政支出程序，并制定对采购资金的相关管理办法，如有关服务的提供部门应制定当年预算并报财政部门批准，以便有效规范政府购买服务行为。同时政府购买服务的采购应该公开透明，在详细说明采购理由、采购范围、采购要求、承接主体资质等内容的基础上，采取公开招标的方式，给予符合要求的承接主体公开竞争的机会，最终由政府相关部门根据事先制定的政府购买服务实施办法确定承接主体，之后还需对执行政府购买服务项目的承接主体进行全过程的监督管理。

（五）　完善政府购买服务的绩效评价

在政府购买服务的过程中，应该引入对购买主体购买服务的财政资金使用的绩效评价，对承接项目的社会组织的服务绩效进行评价，并由财政部门实施或由公众、独立的第三方、专家等组成的公共服务购买评估组来实施。同时应建立起公共服务效果评价考核指标体系，该指标体系主要包括财政资金的使用效率、财政资金的使用效用、公共服务的质量、公共服务受益对象的满意度等。

（六） 社会组织要加强自身建设和对承担的项目进行自评估

政府部门通过购买公共服务引入更多的社会组织，有利于满足大众快速增长的公共服务需要。由政府来调动社会的一切积极因素，进行优化配置，达到各方利益的协调，再由专业化的社会组织提供公共服务、专业化的人员管理，有利于提高公共服务的效率和质量。所以，要想着力提升社会组织参与公共服务的水平与能力，就必须从社会组织自身能力建设出发，如在探索社会组织人才的培训、引进、使用和激励机制上，提高社会组织工作人员的专业化水平。对于已经在实际工作岗位但尚不具备社工资格的人员尤其是青年同志，要鼓励、支持他们尽快取得社工资格；对现有年龄较大，没有能力取得职业职称的，要加强岗位培训；充分发挥高校在培养人才方面的优势，提高具有社工专业背景者的录用比重，使受过系统训练的专业人员不断充实到现有的社工队伍中；对已经取得社工资格的人员，各单位要尽量安排他们到相应的岗位上工作，为其开展专业社会工作创造条件。[①] 同时项目执行方在取得供应公共服务的资格后，应对照项目的相关制度要求、执行方法等提供服务，并对项目的整个执行情况进行自评，进而对项目执行情况做相关分析总结，提出必要的改进措施。

---

① 郎晓波、俞云峰：《社会组织参与公共服务：组织优势及路径选择》，《中共杭州市委党校学报》2011 年第 5 期，第 53 页。

四 结语

中央财政支持社会组织参与社会服务项目的开展，使大量的社会组织有了承接政府职能的作用，社会组织提供服务的效果显著。对于云南省首批立项的 20 个项目，本文以"云南省社会组织能力建设培训示范项目"为例，在肯定了其效果的同时，提出了相应的建议。总之，这样的政府购买服务方式起到了积极的作用，社会组织参与政府购买服务的效果显著，得到了政府、社会的支持及参训人群的认可，在未来的发展模式中，社会组织将发挥越来越重要的作用。政府向社会组织购买服务将成为一种可持续、可发展的模式。但要达到更完美、更加受到认可的效果，不仅需要社会组织自身的努力与建设，而且需要政府大力支持社会组织的发展，尤其是对于云南省特殊地理与经济环境来说，在政府的积极支持与监督管理下，社会组织将充分发挥出自身的积极作用。

子报告 7　云南省政府购买公共服务现状探析

政府购买公共服务是指政府将公共服务作为公共产品，从社会福利的预算中拿出经费，向各类提供公共服务的社会服务机构，直接拨款资助服务或公开招标购买社会服务。云南省是一个非发达地区，经济发展历程与地理位置等的特点都给云南省社会治理带来了挑战，相关挑战与其他地区相比有共性也有独特性。

一　云南省公共服务发展特点

云南省地处西南边陲，在经济发展方面滞后于经济发达的其他省份，在文化特征方面具有多民族性以及传统性，在地理环境、气候特征等自然条件方面具有差异性大等特点，这些都给云南省社会治理以及公共服务发展带来了复杂以及更多本土的特殊性。

（一）推进公共服务发展面临的背景更为复杂

云南省地处西南偏远高原地区，有多个少数民族聚居地，特定的地域环境、经济发展水平以及自然气候使得基本公共服务范围具有地域特殊性。省内各地区除了气候条件以及地理环境差异性大以外，在经济发展水平方面也具有很大差异，加之多民族的社会文化背景以及地处边境沿线的特点，云南省社会治理面临更为复杂的背景条件。除义务教育、公共医疗和社会保障等社会性公共服务外，云南省的社会治理还包括环境保护、边疆安全性服务、公共交通设施服务、水利工程设施建设等基本公共服务。

（二）公共服务发展水平极度不均衡

师玉明对云南省省内 129 个县市的基本公共服务进行研究后发现云南省省内 57% 的地区基本公共服务发展水平评价得分为负①，说明多数地区的基本公共服务发展水平较低，但同时又存在玉溪市红塔区这样的高基本公共服务发展水平区域。公共服务资源的均等化直接影响一个区域更长久的经济发展与治理效果，诸如教育、医疗、基础设施建设水平直接影响人口素质、经济形态等，是一个地区走向良性发展循环的重要前提。云南省各地公共服务发展水平极度不均衡的状态导致民生水平低下，社会经济发展滞后。

（三）公共服务均等化受制于复杂的地理环境与人口因素

基本公共服务均等化以满足人的需求为目的，从财力水平和配置效率等供给视角研究，缺乏对有效需求的充分考虑。云南省基于国家层面和人的无差别需求来统一划定基本公共服务范围，没有从特殊的地理环境与人口结构、经济结构特征，经济水平、社会习俗等角度思考问题，缺乏对地方自有特色和需求差异性的考虑，可能导致供需结构错位。云南省公共服务发展面对的是复杂的地理环境以及多民族人口结构因素，如果不能从这些特殊性出发发展公共服务会导致大量的物质资源和人力资源的浪费。因此，云南省只有通过更具体化、区域化的途径才可能在有限的资

---

① 师玉朋：《基本公共服务发展水平评价及解释——以云南省 129 个县（市）为例》，《地方财政研究》2014 年第 12 期，第 21 页。

金条件下有效提高公共服务发展水平。

二 云南省政府购买公共服务在社会治理中的意义

政府购买公共服务是通过竞争机制向服务提供者购买服务提供给需求人群的过程。政府购买公共服务是政府职能让渡、构建新型政府管理体系的途径，有利于政府社会治理效率的提高。

（一） 政府购买公共服务有利于政府职能转变

政府职能的转变本质上就是政府将事务性管理服务职能让渡给其他社会主体，实现"小政府，大社会"的管理模式。只有改变过去政府大包大揽、力不从心的状况才能推动社会治理模式向适应现实的阶段发展，政府购买公共服务有助于引入专业的社会资源，有效地将政府的服务职能实施下去，将带来政府社会治理的新阶段，克服现阶段社会治理的瓶颈。基于复杂以及相对落后的经济发展现状，云南省基层政府部门目前面临的是力不从心，人员不足，很多领域存在管理的空白与无力，急需更可行的路径来实现有效的社会治理。

（二） 政府购买公共服务有利于促进社会公共资源的均等化

政府无法在有限的人力资源与职能条件下做到公共服务的精准化与普遍化，有研究证明影响云南省公共资源均等化的因素不是财政能力而是复杂的地理环境与人口因素。财政经费无法得到有效利用，没有发挥最佳效果，因此只有通过让其他社会力量参与才能够保证公共资源被最好利用。社会组织参与公共服务在云南省这个地域文化复杂、经济相对落后的省份尤为重要。在教育、医疗领域，政府购买公共服务的效果已经初步显现，在边疆地区有的县教育基本靠非营利的社会组织在支撑，公办教育力量非常薄弱，假如没有这些社会组织的参与，该地区的入学儿童可能不得不面临失学。

（三） 政府购买公共服务有利于提高社会治理的有效性

云南省民族文化丰富，地域复杂，边境背景特殊，政府面临的社会治理任务较其他省份复杂。在解决民生问题以及实现社会治理时不得不面对民族差异性甚至是国际性难题，如长期存在的民族文化冲突、跨境边民等，这给社会治理带来复杂性。政府通过购买公共服务扶持并发展当地的社会组织既有利于提高当地的公共服务水平，也有利于以社会组织为中介更有效地解决社会治理过程中由民族文化差异带来的冲突，提高社会治理的效果。

（四） 政府购买公共服务有利于地区经济发展

云南省内已经存在本土化社会组织，根植于当地的社会需求，这些社会组织有的在带动当地脱贫方面发挥了政府所不能发挥的作用，但目前能够很好运作与发挥作用的社会组织共同面临一个问题，即资金问题。通过政府购买公共服务可以让这些社会组织得到发展与存活的资源，从而更好地服务于当地的经济发展。

（五） 政府购买公共服务有助于民族文化发展

云南省的多民族文化背景在社会治理中既是一笔财富也是一个难题，多元化的民族文化背景既可能给社会治理带来复杂性，同时又要求在社会治理中兼顾民族文化的传承与发展。政府治理方式的单一化一刀切可能导致民族文化的消亡与异化，在云南省的社会组织中突出的特点就是存在一批与民族文化相关的社会组织，这些社会组织有的由政府民族宗教局管理，有的由文化局管理，在文化传承与研究中发挥了极大的作用，但长期处于发展被动、功能受限的窘境，有的只能依托旅游领域来获得支持。政府如果能够以公共服务购买的方式对这类社会组织进行扶持，那么云南省多民族文化的发展将得到保障。

三 云南省政府购买公共服务存在的主要问题

（一）社工人才严重不足影响社会组织发展

从社工专业本科人才就业去向看，社工专业毕业生受到薪资少、发展空间不足的影响很少进入社工职业领域。除了民政部每年以公务员等形式招聘的一部分毕业生外，其他单位如福利院或街道办的社工，待遇和普通护理工作人员无多大差异。由于人事编制问题，社工专业人才的户口、住房等都很难得到解决。截至2013 年，云南省持有社工职业资格证的人数仅占相关从业者的10%，按照考试通过率为 15% 以及每年合格者中有 20% 的进入社工服务领域计算，2015 年社工人才数量也仅能增加到 1800 多人，而每个能够承接政府购买公共服务项目的社会组织至少需要 3 个有证社工，社工人才不足以培育并支撑足够的公益性社会组织。①

（二）社会组织数量少且达不到政府购买公共服务的高质量要求

目前，云南省公共服务性社会组织的数量少，无法达到政府购买公共服务的要求，大部分社会组织呈现官办社会组织的特点。官办社会组织的大量存在不利于公开竞争，容易导致公共服务购买行为体制内循环，在购买主体和服务提供者之间无法形成独立与平等关系，政府购买就可能演化成政府委托，导致政府购买的公共服务质次价高、购买主体和承接主体的利益边界不清晰以及官商勾结等不良后果。如果没有公开公正的竞争，要达到有效竞争或者充分竞争的格局，一定数量的社会组织及其积极参与市场竞争过程是必不可少的。

---

① 张文凌：《云南：社工行业 20 年原地踏步节奏该变变了》，《中国青年报》2015 年 3 月 11 日，第 3 版。

（三） 政府职能让渡空间不足将延长政府购买公共服务的发展周期

自从政府职能变革要求提出后，政府职能让渡空间最大的领域目前依旧是办公用品采购、交通服务、基础设施建设、教育以及医疗卫生等。政府职能没有让渡与转变，政府人员甚至不清楚公共服务可以由社会组织来提供，无法想象将助老助残、迁移人口等工作交给社会组织来做，在政府工作总结以及计划里体现出大量的这类工作依旧由共青团组织、民政部门来做。目前，云南省仅出台了省一级的社会组织目录，所以云南省的政府购买公共服务任重道远。

（四） 政府购买公共服务的整体制度尚未形成

公共服务政府购买推行比较早的地区都已经公布了省、市、县的三类目录。第一类是政府需要转移出来的职能目录；第二类是政府向社会组织购买公共服务的目录，包括服务的内容、名称、项目、价格；第三类是承接公共服务的主体社会组织的目录。但是目前云南省制定的《云南省县级以上政府向社会组织购买服务暂行办法》以及《云南省政府购买社会工作服务实施办法（征求意见稿）》都仅仅是一个制度性的文件，缺乏操作性以及实践性，没有形成完整的目录。实践方面，云南省于2014年开始了艾滋病防治政府购买项目 77 项，2015 年云南省福彩公益金支持社会组织参与公共服务项目共立项 17 个项目，目前还没有完成政府购买公共服务的一个完整周期，仍然需要更多的探索过程。① 其他省份在政府购买公共服务实践中已经发现在公共

---

① 《云南省民间组织管理局关于 2015 年省本级福彩公益金支持社会组织参与社会服务项目立项通知》，云南省民政厅官网，http：//yun-nan. mca. gov. cn/article/tzgg/201508/20150800867010. shtml，2015 年 8 月。

服务的定价、监督机制、拨款以及绩效评估机制中的困境，云南省制定的政府购买公共服务制度以及方案都没有提出解决以上难题的方法。

四 云南省政府购买公共服务面临的形势

（一） 云南省社会组织发展特点

本文所指社会组织包括以下三类：基金会、社会团体以及民办非企业单位。云南省社会组织发展的总体特点有：行业协会数量巨大，缺少公益性社会组织；在弱势群体服务领域长期以境外社会组织为主，境外社会组织在云南省开展项目活动的历史已经超过三十年，活动范围已经覆盖全省 16 个州市；制度是抑制本土社会组织发展的重要因素，2014 年制度改变带来本土社会组织高增长；制度影响下境外社会组织与政府的合作程度低。[①]

（二） 云南省政府购买公共服务发展目标

2014 年 5 月，《云南省政府购买社会工作服务实施办法（征求意见稿）》出台。云南省政府购买的社会工作服务包括八大类：流动人口帮扶，弱势人群关爱，空心村落、空巢家庭、留守人群社会保护与支持网络构建，老年人和残疾人生活照料、精神慰藉等服务，社会特殊人群心理支持、矫治与社会功能恢复，灾害社会工作服务，医务社会服务，妇女儿童及婚姻家庭社会工作服务。该办法规定政府购买社会工作服务包括购买社会工作服务岗位和购买社会工作服务项目，购买主体是各级政府机关和参照公务员法管理、具有行政管理职能的事业单位。纳入行政编制管

---

① 《云南省新社会组织现状和新社会组织的党建工作》，豆丁网，http：//www.docin.com/p-764146879.html，2014 年 2 月 19 日。

理且经费由财政负担的群团组织，也可通过购买服务方式提供社会工作服务。例如，2014 年云南省政府购买社会服务投入金额 2844.13 万元①，项目领域涉及社工服务、养老服务等；2015 年省级和国家级投入金额 12183.55 万元②，主要用在艾滋病防治、青少年社会服务领域等。

（三）政府购买公共服务政策制定状况

2013 年云南省起草了《关于加快形成现代社会组织体制促进社会组织健康有序发展的意见》《云南省公益慈善事业促进条例》《政府向社会组织购买服务暂行办法》《2013 年省级政府购买社会组织服务目录（第一批）》《云南省规范境外非政府组织活动暂行规定》等配套文件。对行业协会商会类、公益慈善类、科技类、城乡社区服务类社会组织实行直接登记制，逐步建立扶持社会组织发展基金，建立政府、社会和社会组织相结合的监管体系、公益慈善项目库以及权威的信息披露平台。

2014 年 5 月，《云南省政府购买社会工作服务实施办法（征求意见稿）》出台，规定了向政府出售社会工作服务的应该是依法登记的社会组织、企事业单位、机构等社会力量，它们应该具备以下条件：具有较强的公益项目运营管理能力和社会工作专业服务能力，无管理机关处罚、年检不合格或不接受年检等不良记录；已经承接政府购买服务的社工服务机构在最近一次考核评估为合格以上等次；团队至少有 3 名获得社会工作者职业水平资格

---

① 《云南省民间组织管理局关于 2015 年省本级福彩公益金支持 NGO 参与社会服务项目立项通知》，云南省民政厅官网，http：//yunnan. mca. gov. cn/article/tzgg/201508/20150800867010. shtml，2015 年 8 月。

② 《云南省级政府部门 2015 年要花 1.2 亿购买社会服务》，《云南信息报》 2015 年 7 月 27 日。

证书人员，并按《社会工作者职业道德指引》开展服务。

（四）社会服务人才现状

截至 2013 年，云南省社会工作从业人员近 21 万人，社会工作专业人才达到 1.3 万余人，持证人才有 1000 余人，社工的人数和能力素质均与社会需要有很大差距。[①] 社会服务领域的非专业性与非专职性直接影响了社会组织的形成与发展。

五 云南省推进政府购买公共服务的对策

（一）建立健全现代社会组织体制

建立政府公益性社会组织管理与引导的新机制、新制度体系，鼓励成立符合本地发展需求的现代社会组织。在管理形式和制度方面，提高政府部门对社会组织的认知，给予社会组织足够的发展空间。

（二）出台政府购买公共服务的操作性规范与评估标准

以目前开展的公共服务购买项目为基础借鉴其他地区的实践经验尽快完善制度体系。制定公共服务项目的定价原则以及监管体系、绩效评估的操作性制度，建立专业化的政府购买公共服务项目的管理机构、专业化的评估机构。操作性条例关系社会组织运作项目的持续性与社会功能的实现，在发展比较成熟的地区，资金拨付和服务质量评估是最大的难题，因此云南省政府购买公共服务首先应该在这两个方面制定具体可行的制度。就目前发展比较成熟的地区的经验来看，在实践中首先就某一人群或者领域的公共服务政府购买探索操作规范与评估标准，进而将其推广到

---

① 《云南省社工从业者近 21 万 需求缺口仍旧很大》，云南网，http：//yn. yunnan. cn/html/2014 - 03/24/content_ 3138987. htm，2014 年 3 月 24 日。

更多领域进行结构体系和实践运用的复制是十分可行的。就云南省目前情况来看，可以首先从艾滋病防治这个领域去探索政府购买公共服务的操作规范体系与评估体系。

（三）加大对社会组织人才的输入与培养力度

针对社会组织人才缺乏、流动性大等特点，政府应采取相应的制度措施对符合各行政区域公共服务、经济发展需要的社会组织进行人才队伍建设支持。目前，社会组织人才因为缺乏在职称、待遇等方面的认同而大量流失，这对于社会组织的后期发展与社会功能发挥有消极影响。云南省受限于原有的教育状况、经济状况以及本土社会组织的弱势，自身缺乏吸纳高素质人才的条件，只有政府部门能够从待遇以及岗位设置方面做出努力，才可能建立高素质社会组织人才队伍，为本地社会组织发展创造条件。

（四）政府需要对社会组织进行有效引导

各级政府需要对辖区内存在的特殊社会组织进行重点扶持和权力空间让渡。长期以来政府在社会组织的管理中缺乏科学态度以及引导机制，导致社会组织同质化程度高，存在烦琐的层级式结构；鼓励公共服务职能型的社会组织成立与发展，尽快填补公共服务的空白领域。政府应该发挥宏观调控作用，在科学调研的基础上对社会组织体系进行规划，以社会职能作为评价标准，减少层级式的社会组织体系，对于具有公共服务功能的社会组织给予优厚条件。例如，云南省由于地域关系、民族特点以及经济发展水平，存在一部分具有本地特色的社会组织，如具有民族文化性以及民族关系调整功能的社会组织、服务于本地区特殊人群的社会组织等，它们应该得到政府更多的支持与权力空间让渡，应通过政府的资源将一些好项目、好平台提供给这些社会组织，以提高政府向社会组织购买服务的概率。

（五）各级政府应列出符合本地区社会需求的公共服务项目

云南省民族众多，地区间经济文化发展多样、不平衡，因此各地公共服务需求和满足状况差异性大。公共服务的需求根本上应该是一个自下而上的过程，公共服务购买从需求者角度进行设置会产生更好的社会评价与资源利用效益。目前，云南省政府购买公共服务以省会为基点开始试点，如正在推行的艾滋病防治项目，但这不能作为长期的状态。各级政府需要列出本地最需要的公共服务目录，不盲从于省级项目。并通过社会调查、需求评估等做好公共服务购买项目的规划，扶持符合本地人群需要的社会组织发展。

（六）加大对公共服务创投项目的推进力度

针对目前云南省公益服务型社会组织严重不足的现实状况，创投项目可以与政府定向公共服务购买项目形成一个互补机制，扶持更多的起点更高的公共服务型社会组织。减少公共服务购买中因为社会组织数量过少造成的落标和少量较成熟的社会组织盲目接标、追求短期效益的不良现象。

子报告 8　基层社会治理创新中大理市社会组织发展调研报告

一　大理市创新社会治理概况

（一）大理市简介

大理市地处云贵高原西部，历史悠久、文化底蕴深厚，集"全国历史文化名城""中国十佳旅游休闲城市"等多项桂冠于一身，是大理白族自治州州府所在地，全州政治经济文化中心，同时也是滇西中心城市核心区。辖区总面积为 1815 平方公里，全市辖 10 镇 1 乡、"两区一委"（大理创新工业园区、大理省级旅游度假区、大理海东开发管理委员会），共有 111 个村委会、31 个社区居委会。2014 年末，全市户籍人口为 61.7 万人，常住人口为 66.16 万人，其中白族人口为 42.0 万人，占户籍总人口的 68.1%；农业人口为 30.4 万人，非农业人口为 31.3 万人。

党的十八大以来，党中央把生态文明建设提到了前所未有的高度，大理市紧紧围绕以"两保护、两开发"（保护洱海、保护海西、开发凤仪、开发海东）为核心的滇西中心城市建设战略目标，坚持"生态立市、产业强市、文教兴市、创新活市、和谐稳市"的发展思路，着力完善城乡规划、加强生态保护、优化产业布局、统筹城乡发展、保障改善民生，城镇化建设稳步推进。2014 年，大理市地区生产总值达 313.51 亿元，人均地区生产总值达 42501 元，完成财政总收入 40.57 亿元；农村常住居民人均可支配收入达 11095 元，城镇常住居民人均可支配收入达 26445 元；城市建成区面积为 51.3 平方公里，城镇化率为 65.45%。

（二）大理市创新社会治理进程

1. 大理市提出网格化服务管理模式

为了全面提高大理市社会管理精细化和科学化水平，夯实大理市综合治理和维护稳定的基层基础，改进服务方式，健全服务网络，强化服务功能，促进平安和谐的社会建设，大理市市政府根据云南省和大理州网格化服务管理的意见和要求，制定了《关于在全市（社区）推行网格化社会服务管理的意见》（大市办发〔2014〕29 号），明确了任务和目标，科学划分和设置网格，建立网格服务管理队伍，建立协作运行机制，总体工作正在有序推进。

2. 大理市网格化服务管理推行情况

按照市委办公室文件的要求，大理市市、乡镇相关部门分别召开会议进行工作安排部署，依据全市各乡镇现有行政区划、管理格局划分网格，明确网格管理员，规范网格管理员职责任务。将村（社区）划分为一级网格，村民（居民）小组或自然村划分为二级网格；村（社区）一级网格设 2 ~ 4 名网格管理员，由村（社区）干部兼任，村民（居民）小组二级网格由村民（居民）小组组长担任网格管理员。目前，全市共划分一级网格 142 个、二级网格 1580 个，一级、二级网格均正常运行。同时，大理市也加强了对网格管理员的培训和管理，使网格管理员熟练掌握收集民情、排查矛盾、化解纠纷、联动联防、扶贫帮困等方面的知识和技能，不断提高能力素质和政策法规水平。全市落实了网格巡查员管理制度，共完成乡（镇）2 名（下关镇 4 名）网格巡查员招聘工作，全市共有网格巡查员 30 名，已全部上岗开展工作。

自 2014 年 9 月建成乡（镇）综治信息平台以来，大理市全市各乡镇加强对综治信息平台的管理和运用，强化对信息平台模块的使用，进行了大量数据采集和录入、信息报送、事件流转和文件收发处理。目前，全市共建成市级平台 1 个、乡镇平台 13 个、村（社区）平台 2 个，申请配备"综治通"1083 个，现正在建立综治委员会单位信息平台，基本实现市、乡镇、村（社区）三级综治信息平台的全覆盖。截至 2015 年 11 月 26 日，全市共建立组织架构 1521 个，录入综治人员信息 1840 条。积极在农村乡镇推进"6995 十户联防"管理模式，全市共有 20000 多户村民被纳入"6995 十户联防"信息平台。

按照市委办公室文件的要求，大理市组织"两区一委"、各乡镇、市综治委各成员单位召开"全市网格化社会服务管理工作推进会"，安排部署工作，进行授牌和授印。各乡镇成立相应组织机构，整合乡镇综治维稳、信访、司法、网格管理等力量，以实现基层各项资源的优化配置，在全市 10 镇 1 乡均建立了社会治理综合服务中心，并统一挂牌，统一规范设置。中心的工作职能制度、工作机构、工作流程以及人员公示栏等图板的内容、规格、式样、摆放实现全市的统一。对于中心开展工作的台账文本，进行了全市的统一，由中心设置主台账，用于群众来信来访和申请调解事项的接办、交办、督办、呈办、办结等工作。其他司法、信访等台账按原有模式继续运行。

3. 大理市网格化服务管理的经验

大理市网格化管理的先进试点为关迤社区，其主要做法是"2346"助力网格管理、"6995"提升服务效能。

（1）打造大平台

大理市关迤社区在州、市政法委的大力支持和移动公司的积极配合下，投入 12 万元建成社区网格管理中心，在中心内设置综治信息平台和"6995 十户联防"管理平台，一方面对网格管理员采集到的基础信息进行录入、分组，构建社区组织机构，同时将矛盾纠纷排查调处、流动人口和特殊人口等纳入网格化管理，对居民进行"十户联防"分片、分组；另一方面将社区中网格管理员收集到的疑难诉求，通过手机"综治通"网络终端上报综治信息平台的矛盾纠纷进行分析研判，并及时处置。

（2）采取"三化管理"

首先是区域网格化。按照上级部门的要求，在不打破现有六大主片区的基础上，将社区划分为 23 个网格，每个网格配备 1～3 名网格管理员，将人、房、事、物、组织全部纳入网格管理范畴，综合履行信息采集、综合治理等方面的职责，使网格管理员在第一时间掌握社情民意、化解矛盾纠纷、响应服务需求、核查办理结果。在每个网格建立 10～30 户的"十户联防"群组，每个群组有 1 名"治安中心户长"（栋长），构建社区、居民小组、居民小区、楼栋、"6995 群组"五级联动体系。其次是管理责任化。组建由网格管理员、社区民警、社区党员等组成的网格管理队伍。同时将网格管理员划分为一级网格管理员和二级网格管理员，一级网格管理员由社区干部兼任，每人分别联系 3～4 个网格；二级网格管理员由社区其他工作人员、行政组长、支部书记、社区协警、小区负责人等共同组成。社区网格管理员共同开展网格内社情民意调查、政策宣传、文明创建、矛盾排查、矫正帮扶、消防安全、洱海保护、应急管理等基础工作。最后是服务标准化。将社区的基层党建、环境卫生、文化建设等工作纳入网格管理，建立分析研判工作制度，制作分析研判流程图，定期召开工作例会，对居民反映的诉求进行分类处理。

（3）实现"三个全覆盖"

首先是防控全覆盖。每一个网格管理员都是安全员，由民警和协警、居委会成员、大学生村官、行政组长组成的治安巡防队，坚持开展治安巡逻检查，强化社区防控，实现治安防范网格全覆盖。其次是大调解全覆盖。充分发挥社区一级、二级网格管理员的作用，及时走访了解网格内的社情民意，及时发现网格内的矛盾纠纷，逐级进行上报，将解决不了的矛盾纠纷及时通过手机端上报社区综治平台，中心及时进行分析处置。再次是平安建设全覆盖。从平安社区、平安居民小组到平安小区、平安楼栋，再到平安家庭、平安出行等，每个网格积极开展各种形式的"平安细胞"创建活动，形成了浓厚的平安创建氛围。

二　社会治理创新中大理市社会组织发展探索

在上级党委、政府以及民政部门的大力帮助和指导下，大理市社会组织登记管理工作严格按照《社会团体登记管理条例》《基金会管理条例》《民办非企业单位登记管理暂行条例》等的相关规定依法进行，各类社会组织充分发挥各自的特点和优势，在大理市全面建设小康社会，推动物质文明、政治文明、精神文明协调发展中发挥了积极的作用。

（一）大理市社会组织基本情况

大理市社会组织分为社会团体、基金会、民办非企业单位和农村专业经济协会四种类型，涵盖教育、卫生、文化、科技、体育、劳动、民政、法律等行业。截至 2015 年 11 月 30 日，大理市共有社会组织 228 个，其中包括：社会团体 91 个、基金会 1 个、民办非企业单位 124 个、农村专业经济协会 12 个。2015 年新登记社会组织有 25 个，其中包括：12 个社会团体、1 个基金会、12 个民办非企业单位。

（二）大理市社会组织发展的政策支持

2015 年 3 月，大理市市委、市政府出台了《大理市大力培育发展社会组织　加快推进社会组织体制建设的任务分解及工作措施》。一是有 24 条规定，涉及指导思想、基本原则、总体目标，培育发展重点，改革登记制度，优化发展环境，加强监督管理，强化保障措施 6 个方面。二是明确了以公益慈善类、行业协会和商会类、城乡社区服务类、科技文化类四类组织为培育重点。三是明确改革社会组织登记体制，实行直接登记。除依法律法规需要前置审批及政治法律类、宗教类的社会组织外，其他社会团体、民办非企业单位、基金会取消业务主管单位，直接向市民政局申请登记。降低准入门槛，除法律法规规定有注册资金要求的，在市民政局申请登记社会团体和民办非企业单位的，注册资金减至 1 万元；向市民政局申请成立公益慈善类、社会福利类、社会服务类社会组织的，开办资金不做要求。在市民政局登记的，会员数可降至 20 个以上。四是明确取消"一业一会"限制，允许同一行政区域、同一行业内成立两个或者两个以上业务范围相同或者相似的社会团体，放宽限制条件。取消社会团体筹备阶段审批，由民政部门直接登记。五是规定将分类推进社会组织与行政机构在机构、人员、财务、职能等方面脱钩，凡是社会组织能够办的事务性管理工作要能转尽转，逐步将政府不应行使和可由社会组织承担的事务性管理工作、适合由社会组织提供的公共服务，以适当的方式转移给社会组织。六是规定将设立社会组织培育发展专项资金，重点扶持大理市经济社会发展急需培育的各类社会组织，对符合申请条件的社会组织给予补助。另外，于 2015 年建立了大理市培育发展社会组织工作联席会议制度。

（三）大理市社会组织积极发挥了自身作用

大理市历史文化悠久，社会组织形态多样，分布在各个领域、各个角落，最贴近社会基层，发现问题最直接，动员社会最普遍，最能了解民情、民意，反映公众真实诉求。社会组织通过组织化、法制化的表达手段，提高了民意表达的有效性和合法性，从而减少了非理性冲突，在协调利益主体与政府的关系、协调利益主体与市场的关系、充当和谐社会的"稳压器""缓冲器"等方面发挥了极其重要的作用。同时，大理市社会组织在扶贫、支教、助学、培训、特殊群体支持等方面发挥出巨大作用，成为改善党群关系，做好党群工作的重要组成部分，显示出强大的生命力和无限的发展空间。

1. 经济发展方面

大理市社会组织起到了桥梁纽带的作用。在政府对市场进行宏观调研、企业依法经营方面，社会组织起到了重要作用。大理市经济类社会组织在加强行业自律、促进市场公平竞争等方面做了大量工作。例如，市建筑协会扶持企业转型升级，开展安全标准工地的创建工作，制定担保农民工工资准备金管理办法等，对企业升级和市场竞争力的提高起到了积极的作用。

2. 社会事业方面

大理市社会组织成为政府社会管理的有益补充。大理市的社会组织已遍布教育、卫生、科技、文化、体育、社会福利等各个领域，并在各自的社会领域内发挥着越来越重要的作用。如大理市南山养老院针对老年痴呆、瘫痪、失能老人提供打扫卫生、精神慰藉、日常生活护理等业务，以"医养一体"的形式完善大理市的养老服务形式，民办养老服务机构的发展，满足了老年人日益增长的养老服务需求，缓解了社会福利供需矛盾，是建设和谐社会的有效手段和主力军。文化方面，如大理市龙尾古城保护协会、大理历史文化研究所等，以"保护为主，抢救第一，合力利用，加强管理"的方针保护好了大理市的历史遗迹文化，开展了大量的调研活动，出版了反映历史文化的书籍。又如，民办教育类机构已为大理地区各行各业培养了数以万计不同层次的各类人才，民办幼儿园陆续成立缓解了公办幼儿园数量少、入学难的问题。

3. 精神文明建设方面

大理市社会组织发挥着聚力引导的作用，促进精神文明的良性互动。随着经济社会的快速发展，社区环境的不断改善，人们的物质生活水平迅速提高，对精神文化追求的热情越来越高涨。大理市已有100多个群众活动团队活跃在社区中，一是满足了社区居民多样化、多层次的业余文体生活需求；二是加强了农村文化阵地建设，使农民远离封建迷信活动和邪教组织；三是促进了人的全面发展，形式多样的各类活动使居民团结，邻里和睦，有助于减少矛盾、维护安定，同时能调动居民参与社区建设与管理的积极性，有助于他们更好地为社区管理和建设服务。

（四）大理市社会组织发展的制约因素

由于种种的原因，大理市社会组织各项功能和作用的发挥仍有待增强，以适应当前经济社会发展的新要求和构建和谐社会的新目标。

1. 对社会组织的认识不到位

只有政府、市场和社会组织三类主体良性互动，各自发挥自身优势，合理履行公共管理职能，才能实现社会公共事务协调管理，促进社会和谐、可持续发展。一些领导和部门在理解社会组织的地位、作用问题上存在认识上的偏差，对社会组织的发展规律认识不足，对新形势下社会组织发展的意义、发展趋势以及功能作用认识不到位，还没有把社会组织真正纳入经济社会发展的总体布局，没有把社会组织培育发展工作纳入议事日程。

2. 部分社会组织政社不分

一些社会组织中官办色彩浓烈，民主管理意识较差。大理市大部分社会组织是由政府职能部门牵头组建的，管理层也多由政府部门指定人员兼任，经费由政府职能部门统一调拨掌握，政府职能部门与社会组织在职能、办公地点、人员、财务等方面存在一定的交叉现象。有的社会组织办公场所和业务主管单位同设一处，"两块牌子、一套人马"，有些社会组织从政府职能部门部门脱胎出来，机构、人员、设施等大多来源于政府职能部门，形成与政府职能部门千丝万缕的联系，导致对政府职能部门的依赖性较强，自治程度较低。

3. 社会组织自身建设意识不强

一是有的社会组织规章制度不完善，组织制度、内部分工、管理体系不健全以及对共同目标认同度不够，或虽有完善的制度，但由于专职人员过少、财力不足等原因，目标和宗旨难以有效实现；部分社会组织法人治理结构不够健全，民主决策、民主管理有待加强。二是社会组织积极性较差，表现为少部分的社会组织不积极参加年检，社会组织发生变更、注销未及时到民政局备案；部分社团成立分支机构，未及时到民政局备案，社会团体及业务主管单位也疏于对分支机构的管理；有些社会组织无登记意识，未及时到登记机关登记便私自开展活动；部分社会组织由于业务范围不明晰，无法落实业务主管单位，以致不能进行登记。三是有的社会组织工作人员素质不高，从业人员数量偏少，不乏会计、出纳、内勤、外联一人身兼的现象，有的未经过专业训练，具备公共管理知识、具有宏观协调能力的高素质专业人员短缺。

4. 社会组织扶持政策不够完善

近年来，社会组织发展迅猛，新情况、新问题不断出现，一些管理条例的部分内容已明显不适应社会组织管理工作的需要。目前，大理市在税收优惠、财政资助、人事管理、社会保险等方面对社会组织缺乏健全的政策规定，社会组织面临定位难、信任难、参与难、吸引人才和资金难等难题。

5. 社会组织监管乏力

一是大理市没有成立专门的社会组织管理机构，既无编制，也无专职工作人员，社会组织监管力量薄弱，监管手段缺失。例如，市民政局承担着全市社会组织的登记管理工作，但未单独设立社会组织管理科，由基层政权科和社区建设科的工作人员负责登记管理，由于基层政权科还负责全市村（居）委会建设、地名、区划等工作，存在人少事多的情况；业务主管单位大部分未专门设立人员管理所管辖的社会组织。二是税务、发展与改革、财政、审计等部门对社会组织的重视程度不足，部分社会组织收费没有明确的依据。

三 大理市社会组织个案分析

本文以大理市工商联所管辖社会组织、大理市老年体协、大理市科协所管辖社会组织作为范例进行个案分析。

（一）大理市工商联发展调研

大理市工商联是一个以统战性为主，兼有经济性和民间性的人民团体，是党委和政府联系非公经济人士的桥梁和纽带，是政府管理非公经济的助手，目前内设办公室和会员科，有编制人员6人，领导3人，党组成员3人，现有执委39人。大理市工商联的作用发挥突出。一是充分发挥在非公有制经济人士思想政治工作中的引导作用。二是充分发挥在非公有制经济人士参与国家政治生活和社会事务中的重要作用。三是充分发挥在政府管理和服务非公有制经济中的助手作用。四是充分发挥在行业协会商会改革发展中的促进作用。五是充分发挥在构建和谐劳动关系中的积极作用。

当前，大理市工商联在工作中也遇到一些问题。一是一些民营企业对商会的认识不足。从过去的弱势状态到如今逐渐发展壮大，很多非公有制经济企业认为工商联的作用不大，在实际企业发展过程中它们更倾向于直接同当地党委、政府一把手接触，这在一定程度上削弱了民营企业对工商联组织的信任。二是政府职能还未实现真正意义上的转变，在一定程度上阻碍着商会的发展。由于一些政府职能部门的职能尚未转变，行业协会（商会）作用难以发挥。工商联原有的许多职能存在同政府其他职能部门职能的重叠和雷同，无形中使工商联的工作空间受到挤压，工商联在民营企业中的影响力也受到分散和削弱。三是商会的业务主管部门的地位没有得到确立。

工商联不是政府机关，而是一个参政议政的人民团体。当前工商联的工作是机遇与挑战并存，这就使得工商联必须从下面几点加强自身建设。一是提高参政议政能力，二是提高凝聚人心的能力，三是提高服务政府的能力，四是提高服务企业的能力。

（二）大理市老年体协现状调研

大理市老年人体育协会成立于1985年。在近30年的不断发展过程中，在市委、市政府的领导下，通过广大老年体协工作者的长期不懈的努力和广大老年体育爱好者的积极参与，大理市老年体育事业蓬勃发展，老年体育工作富有成效。

目前，大理市老年体协组织不断发展，队伍不断扩大，在大理市全市11个乡镇成立了分支机构，已在行政村建立老年人体育组织76个，占行政村总数的67.2%；在自然村建立老年人体育组织144个，占自然村总数的30%；在城市社区建立老年人体育组织27个，占社区总数的87%。在大理市共有农村中老年健身队295支，共5792人。大理市直属机关老干体协和下关老年人象棋协会为大理市老年体协会员单位。老年体协会员（含乡镇团体会员）共15442人，老年体育人口近4万人，占老年人口的40%。同时，老年人活动场所建设受到重视和加强，大理市市委、市政府结合新农村建设，投资1500余万元，新建和改扩建行政村老年人活动中心（室）100多个。

大理市老年体协当前面临的问题主要是，对迅速到来的人口老龄化普遍缺乏充分的认识，同时大理市老年体育基层组织建设还需要进一步加强，城市老年人健身活动场所建设滞后、大理市老年人活动中心尚未被纳入城市建设规划，大理市老年体协的工作还需要进一步适应形势发展的需要。

（三）大理市科协发展思考

大理市科协下属社会组织的类型有两类：一类是行业协会，有企业科协、社区科普协会；另一类则是农村技术协会。

近年来，随着各项工作任务的繁重，许多行业协会都围绕本行业（企业）的中心工作来开展协会的工作，积极为成员单位发挥科技工作者的作用建言献策，组织广大科技工作者开展学术交流，将工作中的收获及学术研究成果呈现给社会，真正发挥了行业协会的作用。而在农村，在产业调整、大兴高原农业的关键时期，结合各乡镇、村社的实际，各农村技术协会由以单纯的技术交流为主转化为以技术交流与资金投入为主的新型农技协（农技协＋合作社＋公司＋基地），从而向大型化、专业化方向发展。

大理市科协目前存在的问题主要体现在以下几个方面。一是各协会、企业科协，除了个别，都没有"造血"功能，活动经费都需要所挂靠单位给予拨款，实际工作中，经常出现活动资金不落实、活动开展不健全的情况。二是科协与协会之间的联系比较虚，科协与协会名义上是上下级关系，实际上协会的行政登记主管机关为民政局、业务主管局，其人、财、物和科协全无关系，科协与协会的关系比较混乱。三是科协与农村技术协会的关系紧密度不够，农村技术协会最早是科协组织和发起的，但随着时间的推移，科协在这方面的影响力和作用力越来越小。四是科协和科技工作者的联系不够紧密，科技工作者的一些基本需求，如评职称、搞科研项目、发表学术论文等，科协都不能给予必要的帮助，科协对于其他更复杂的问题和困难更是显得爱莫能助。五是各类协会的工作人员都是兼职人员，很难做到对协会工作的专心投入。

大理市科协进一步发展的对策和建议如下。一是要进一步提高对行业协会的重视。要充分认识到行业协会肩负的向广大科技工作者传达贯彻党的路线、方针、政策，反映科技工作者的意见和呼声的责任，以及它们对维护科技工作者的合法权益、稳定科技工作者队伍、调动科技工作者的工作积极性起到引导作用。二是要进一步加强对行业协会的领导工作。三是要进一步为科技工作创造良好的环境和条件，大力加强基层科协的组织建设。四是加大对用人制度的改革力度，建立和完善一套权威高效的科普运转机制。五是立足大理市情况，积极创新，充分发挥行业协会现有的财力、物力功效，积极开展地方重点工作和活动。六是要建立一套科普工作的长效机制，大力支持科协下属的各协会开展学术活动，进一步调动科技工作者的积极性。

子报告9 云南省河口瑶族自治县社会组织发展研究报告

云南省与东南亚山水相连，与越南、老挝、缅甸三国接壤，国境线长4060公里，占我国陆地边界线的1/5，有25个边境县。而河口瑶族自治县位于云南省南部，红河哈尼族自治州东南端，与越南社会主义共和国老街省山水相连，国境线长193公里（其中河界73公里、陆界120公里），有国家级口岸2个、省级通道3条和多条民间便道，有3座大桥与越南老街市相连，有着"县城即口岸，口岸即县城"的区位优势。河口县城距省会昆明市469公里，距越南首都河内296公里，距出海口越南北方最大港口海防市416公里，是从我国西南前往东南亚、南太平洋地区出海口最便捷的通道之一。历史以来，河口就是我国与越南、东南亚各国进行经济文化交流的重要门户和窗口，是"南方丝绸之路"的第二条通道，处于昆—河—海经济走廊的"咽喉"。

河口瑶族自治县共辖6个乡镇、4个农场，27个村委会，3个社区，285个村民小组，114个生产队，居住着瑶、苗、壮、傣、彝、布依等世居民族（其中跨境民族有布依族、瑶族、彝族），总人口10.56万人。河口瑶族自治县民政局登记的社会组织中有 28 个社会团体和 11 个民办非企业单位，分布在四乡两镇和部分农场。本文选择河口瑶族自治县社会组织为调研对象，是因河口社会组织的发展具有跨境性、民族性、边疆性等特点，代表着跨境民族地区社会组织的发展趋势。

以党的十八大进一步明确的"党委领导、政府负责、社会协同、公众参与、法制保障"这一社会治理的"顶层设计"为指导，从各民族"共同团结奋斗、共同繁荣发展""决不让一个兄弟民族掉队"的战略高度来认识和把握跨境民族地区社会组织的价值，着力研究跨境民族地区政府对社会组织扶持、培育的实践路径问题，有助于丰富和拓展社会组织理论体系，并对边疆民族地区地方政府创新社会治理、促进民族团结进步、维护边疆繁荣稳定具有重要的决策咨询价值。

一 河口瑶族自治县社会组织的作用

（一）充当政府与当地百姓沟通的桥梁

河口瑶族自治县与越南社会主义共和国老街省山水相连，属于边疆自治县，事务繁多，加上政府精力有限，因此政府在很多时候不可能事无巨细地处理各项大大小小的事情。社会组织的出现弥补了政府能力和精力的不足，也解决了当地百姓的很多困难。组织化的行为使得当地民众单个人的能力凝聚为一支整体的力量，将单个人的诉求汇集为整体的要求，而社会组织这种媒介可将这种要求表达给政府等有关部门，这样不仅可以使政府工作人员集中精力于一件事情，减轻工作人员的工作负担，而且可使民众提出的问题得到较快较、方便的解决，直接提高了行政单位的办事效率，从而在很大程度上将某些问题和矛盾减小到最低水平。

在社会组织未发展或初步发展时，民众在遇到困难或者有意见建议要反馈给政府工作人员时，由于沟通渠道和沟通形式等的限制，很难准确地表达自己的想法和意愿，久而久之，便没有参与公共管理活动的积极性和信心。社会组织的发育、成长和日益扩大，给当地民众提供了与政府行政人员沟通交流的契机，对于在政策上、工作上和生活中存在的问题，民众可以向当地政府表达，这对于实现当地人民各方面的发展都有一定的促进作用。

（二）从事社会公益事业，提供公共服务，丰富当地人民生活

河口瑶族自治县地处边疆，与中心城市相比，缺少必要的生活娱乐机会。社会组织本着服务于人的理念，组建康羽羽毛球协会、女领导干部联谊会和围棋协会等，这些组织的成立不仅为当地百姓增添了一些基本生活设施，而且丰富了当地人民的文化生活，使他们在精神上得到满足。

随着河口瑶族自治县老年体协各项活动的积极组织和开展，老年体协的作用和影响正日益得以发挥和扩大。2015年底至今新入会人数猛增248人，全县在册会员人数近500人，增长近一倍。下设分支机构由8个增至12个，增长50%，老年体协组织不断发展壮大，已成为广大老年朋友们可信赖、可依托、有凝聚力的"大家庭"。2015年，老年体协圆满成功组织举办了：河口县首届气排球运动会、河口县"迎春杯"中国象棋比赛、河口县中国象棋擂台赛、老年体协迎新春文艺晚会、"五一"大型游园活动、河口县"全民健身日"红河广场舞表演、河口县2015年乒乓球运动会等大型文艺体育活动。这些活动的展开不仅让参与者锻炼了身体，强健了体魄，陶冶了身心，同时还增进了当地人民之间以及当地人民与外来人员之间的团结友爱，释放了正能量。在推动实现老有所乐、老有所为、安享晚年目标的同时，为河口瑶族自治县的社会主义精神文明建设和经济社会发展，以及构建和谐平安河口做出了积极努力和应有的贡献。

（三）发展当地教育，提高当地人民的文化素养

边境地区由于经济落后，教育发展水平很难与大城市甚至二线、三线城市相比，很多教育基础设施远远比不上内地，甚至连一些基础设施的配备对当地的学生来说也是一种奢望，同时，边境地区地处偏远，很多稍有能力和学历的教师很少会选择在简陋条件下教书育人，在这种情况下，当地学生的学习水平必然会受到一定程度的影响。另外，云南省边境本身就是自然灾害多发地区，灾害发生也会影响学生的学习进度和学习效果。政府虽然在教育方面下了很大的力气，但对于瑶族自治县的具体情况而言，仍然是杯水车薪，而且我国实行的是九年制义务教育，不包括像幼儿园那样的对幼儿的基础教育课程。社会组织根据这种情况，成立了河口县乐乐幼儿园和河口县星光幼儿园等，幼儿园的设立对儿童在学习上的启蒙作用不可小觑，不仅提供了幼儿基础教育，同时还带动了当地的学习风气。

在学术研究方面，河口瑶族自治县社会组织也发挥了不可替代的作用。河口县布依学研究会于 2008 年 12 月 6 日成立，至今已近 9 年。布依学研究会的性质是学术团体，任务是研究布依族的历史文化，包括语言、文学艺术、哲学宗教、风俗、经济、文化教育、非物质文化遗产保护等。布依学研究会成立后，积极开展研究工作，出版了三期布依学研究的期刊，编纂了 15 万字由云南民族出版社出版的《当代河口布依族》。2015 年 8 月 15 日，在桥头乡老董下寨设立布依族传统文化实物陈列馆，并举行实物陈列馆开放活动仪式，陈列馆内陈列的有布依族的生产、生活、木匠、加工、读书、运输、服饰等方面的实物 140 多件。所有的

构仅取得执业许可证就开展活动，这种组织即使所开展的活动本身不违法，但未经登记注册欠缺行政主体的资格，就是非法组织，它们可能会扰乱市场正常登记管理秩序，有时甚至会给社会稳定带来隐患。

（四）监管力量不足

县民政局虽设立了"民间组织管理科"这一股级机构，但它任务重，压力大，既要负责受理、审核、发证工作，又要进行跟踪监督管理，特别是人手方面的不足给执法查处造成困难，致使社会组织对自身方面的监督存在一定的弊端。很多社会组织还没有形成一套对自身运作进行监管的规章制度，同时在对内部使用的资金情况进行公示时缺乏透明度，社会组织负责人对组织自身的运营监管力度也是不够的。另外，社会公众对社会组织的监督和管理也存在一定的不足和缺陷，处在社会组织之外的民众认为这种组织跟他们没有关系，就很少对社会组织的活动进行监督。另外，国家还没有出台专门针对某些社会组织运行的法律法规，使得这些社会组织在活动时无章可循，也没有统一的活动标准和规范，从而致使不同地方的社会组织行为方式不一，发展方式也是不尽相同。

（五）活动缺乏经费

社会组织下乡调查的时间比较多，下乡需经费，平时需办公经费，有时还有书籍的出版费、传统文化的传承费用等，每年需4万~5万元的支出，而每年才收会费6000多元，差额经常找机关单位赞助，但是由于行政审批程序复杂，往往需等较长时间。另外，虽然河口瑶族自治县一些小学的教育基础设施已经建立，但是由于地理位置偏远，所在地经济落后，已有的设施还远不能满足学生和老师的需求。如学校虽然已经建设了食堂，但是食堂内部往往没有高桌子、低凳子，于是学生就会随便蹲在餐厅或者操场墙角就餐，这给学生的生活造成极大的不便。社会组织虽然可以通过资助个别学校来解决一些困难，但是面对众多这样的情况，它们也是心有余而力不足。

（六）在公关方面存在一定缺陷

河口瑶族自治县处于边境地区，社会组织若想得到发展，仅仅局限在本地还是不行的，因此势必要与外界联系并借鉴成功经验，如此才能获得更大更好的发展，但是在与外界联系并介绍自身方面或者说是在公关方面存在一定的困难。大部分社会组织以印刷品的形式向外界介绍自身；有些社会组织甚至无对外介绍材料，研究人员只有在去当地进行调研时，才能从当地人的言谈中了解它们的发展情况和发展特点，不能从整体上把握它们的概况；一些经济情况稍好一点的社会组织选择借助当地媒介向外界介绍自己，比如报纸或者广播，这种方式花费较大，选择这种方式的社会组织数量不多。社会组织由于资源少，能力弱，因此在公关方面发展不成熟，在与外界的沟通联系上存在一定困难。

三　河口瑶族自治县社会组织的发展对策

边境地区的发展只有在进入国家战略层面以后，才会受到国家和当地政府的重视。河口瑶族自治县应根据自身经济上的不足和缺陷，在遵循国家和省政府大政方针政策的原则下，借鉴周边地区经济发展上的成功经验，因地制宜，制定出适合本地区的经济发展政策，促进自身的经济发展。党的十八届三中全会通过的《中共中央关于全面深化改革若干重大问题的决定》（以下简称《决定》）把"国家治理"一词首次写入党的纲领性文件，标志着中国特色社会主义事业的一个新时代开始。在国家治理的理念下，《决定》围绕"创新社会治理体制"的新命题，对社会组织改革发展进行专章部署，对社会组织的地位给予空前的清晰界定，对社会组织的作用发挥寄予从未有过的厚望。《决定》明确指出："激发社会组织活力。正确处理政府和社会关系，加快政社分开，推进社会组织明确责权、依法自治、发挥作用。"在党的方针政策指引下，河口瑶族自治县社会组织应全面提高自身素质，为建设社会主义和谐社会发挥更大、更积极的作用。

（一）加大宣传力度，促进良性发展

社会组织应意识到自身形象和宣传自身的重要性，在公关方面投入必要资金，比如制作宣传单或宣传册，并发放给周边地区和城市的人民，在发展程度高的地方用电子显示屏展示自身的特色，让社会全面了解自己的存在和发展，从而让公众支持自己、参与社会服务。在社会组织登记注册方面，政府有关部门应当放低门槛，拓展登记注册的渠道和形式，以便将更多的社会组织纳入政府监管的范围，使社会组织正式走向正规化运行的轨道，也给游离在登记管理之外的民办非企业单位提供更多的机会。

登记机关要加大对社会组织的监管力度，同时做好服务工作，使社会组织规范健康发展，服务于社会。社会组织也应当建立自身的工作考核制度和工作规范，时时自查，对内部工作存在的问题应及时处理、改正并总结经验以防同样错误的发生，对绩效高的工作人员应及时予以奖励；在宣传自身的同时，让公众都参与对自身的监督中来，对于好的建议和意见都乐于接受，形成人人管理、人人参与的局面，从而形成对外宣传介绍的良性循环。

（二）加快政社分开，增强吸金能力

分类推进社会组织在机构、职能、资产、财务、人员方面与

行政机关脱钩。严格执行党政机关领导干部不得兼任社会组织领导职务的相关规定，严格规范公务员在行业协会中兼职任职，不断提高社会组织登记工作规范化、法制化水平。按分类管理的原则，根据不同社会组织的属性和类别分别制定登记流程、章程示范文本及应提交的材料清单说明，加强社会组织登记工作规范化建设，明确各类社会组织登记标准。结合河口瑶族自治县的区位优势加大力度培育经济类社会组织，成熟一个登记一个，要充分利用社会组织为河口瑶族自治县经济发展服务的优势，对社会组织要加强领导、突出特点、依法管理。

社会组织与政府之间的关系很多时候是以资金为纽带，社会组织由于自身各方面的局限性，很难筹措到工作中所需的全部资金，它们把希望寄托在政府的资助上，因此会形成社会组织依赖政府、政府管理社会组织的局面。要想打破这种局面，还需增强社会组织的吸金能力，即创造它们自身的造血机制，使社会组织有能力通过自身的发展争取外来援助。具体来说，包括以下几个方面。

（1）社会组织应在对外宣传中，搞好与外界的关系，发展双方的友谊，在发展中相互促进、取长补短。河口瑶族自治县处于边境，特殊的地理位置和民俗风情可以为合作伙伴带来不一样的感受和启发，将这种特殊元素带入它们的组织中去发展，当地人民必然会欢迎这种新鲜事物的引入，同时作为回馈，瑶族自治县社会组织也会得到经济上的发展和收入上的增加。

（2）河口瑶族自治县与越南社会主义共和国老街省山水相连，在争取外市、外省社会组织援助的同时，对于国外社会组织的发展也应当给予重视。由于地理位置上的邻近，即使有着不同国籍、处于不同国界，两地社会组织的发展特点也有着或多或少的共同之处，因此可以借鉴老街省社会组织的成功经验，向它们请教成功之道。

（3）社会组织要实现真正意义上的发展，仅仅依靠外界资助还是不够的，自身必须有"造血功能"。社会组织可以在现有资金的基础上，向社会或者金融机构贷款，在当地兴办企业或者工厂，这不仅可以减缓当地的就业压力，改善当地人民的生活，而且可以带动当地经济的发展，吸引外界投资。

（三）提高党员比例，引进专业人才

河口瑶族自治县位于偏远地区，经济落后，生活方式单一，也少有针对社会组织成立和发展的规章制度，社会组织人员在政治面貌、学历等方面差别很大，党性觉悟不高，专职人员和高学历人才更是少见。为了促进社会组织的健康发展，提高其成员的党员比例和学历是必然的趋势。社会组织除了要建立专门的规章制度外，还要制定出适合本组织发展的政策。比如，每隔一个固定的时期召开党员大会，宣传党和政府新的方针政策，让党员了解党和政府最新的发展动态，提高党员的党性和思想觉悟；让党员带动非党员学习党章和党的理论知识，让每个非党员都有加入党组织的迫切要求和愿望，自觉向党组织靠拢；当地政府的党组织应当主动积极争取更多的入党名额，给社会组织成员更多的入党机会。

缺乏专职人员和高学历高素质人才也是河口瑶族自治县社会组织发展过程中普遍存在的现象，专职专业人员的匮乏和高学历人才的稀缺，势必会影响整个社会组织的发展。应当在社会组织中挑选高素质人才来担当管理人员或者以较高的薪资从外界吸引专职管理人员对社会组织进行管理，这样不仅可以为社会组织带来新观点、新想法，而且有利于外来人员根据社会组织的现状对其进行大刀阔斧的改革，更免去了裙带关系的干扰和麻烦。

（四） 加强监督管理，保持稳健发展

河口瑶族自治县处于边境，国家的外交政策深深影响着它的发展程度和发展方式。随着河口瑶族自治县与外国边境县交往的加深，两国边境县的民俗习惯和风土人情势必会相互影响和渗透，友谊也会逐渐升温，在这种情况下，一旦两国交恶，两国边境县百姓的交往会受到影响，边境县的民众为了双方的交流，可能会做出不利于国家发展稳定的举动。社会组织作为与民众接触较频繁的一种组织，要常常把握百姓的发展动态和特殊要求，政府等有关部门也要从社会组织那儿及时了解民众心理上的变化。从这方面来讲，在特殊时期，加强对社会组织的监督管理尤为重要，直接关系边疆的稳定，同时，也要掌握社会组织参与边境贸易和在国内、境外的活动情况，并与相关部门密切沟通、互通信息，以保证边疆地区在稳定中求得发展、在发展中促进稳定。

子报告 10　云南省社会组织接受境外援助调研报告

一　云南省社会组织接受境外援助现状

（一）云南省社会组织接受境外援助概况

云南省作为中国社会组织最活跃的省份之一，被称为"社会组织的摇篮"。这里除了有日益增长的本土社会组织外，还有大量国际非政府组织。这些国际非政府组织与云南省依法设立的公益事业单位、社会团体、基金会和民办非企业单位合作开展项目，带来了大量资金、技术、物资的援助。

1. 接受境外援助的数额

据统计，仅 2006 年云南省接受的多边、双边政府及国际非政府组织的援助项目就多达 200 多个，援助资金总额达 2256.98 万美元。2010～2013 年，在云南省落地的境外非政府组织合作项目共引入资金 3 亿多元。截至 2013 年 6 月，备案项目总计 560 多个，其中 2012 年的项目涉及的金额为 9000 多万元。对于发展中地区而言，这些项目是促进社会组织发展的有效资源。[1] 2015

---

[1]　张强等：《中国政社合作的发展型协同共治模式——基于云南省境外非政府组织管理的探讨》，《航空航天大学学报》（社会科学版）2015 年第 3 期，第 28 页。

年，国际非政府组织与云南省本土社会组织开展合作的项目共计 170 多个，云南省社会组织共接受境外援助总额约 8000 万元。[①] "从西部的角度看，境外资金还是不算小的，政府在这一块的投入比较弱，从八九十年代开始，像宣明会、英国救助儿童会甚至包括现在的国际计划，每年在云南的投入不说上千万，上百万还是有的，再加上一些零碎的小项目，虽然具体总体的情况不是很好把握，但是加起来的资金数量不算少。"[②]

对某些社会组织而言，境外资金是其资金来源的重要组成部分，对其发展起着重要作用。在调研中发现云南省某社会组织从 2008 年开始与乐施会合作，平均每年从乐施会获取约 60 万元的资金支持。该组织每年活动资源的 25% 来自乐施会。[③] 境外非政府组织的援助不仅限于资金还包括技术和先进管理经验。以荷兰农民生产者协会（Agriterra）为例，它与云南省林业产业协会的合作项目不仅带来资金，还带来先进的技术和管理经验。自 2011 年起，已开展两期合作，2011 ~ 2014 年，Agriterra 为云南省林业产业协会提供 200 万元的援助；2015 ~ 2016 年，提供 31.34 万元支持（具体情况如表 1 所示）。

Agriterra 在合作社建设方面拥有 140 年的丰富经验，根据云南省试点地区农民的实际需求，通过邀请专家指导、咨询、培训等方式，传授种养殖技术以及合作社生产、营销管理方面的经验。据云南省林业产业协会负责人介绍，第二期项目与三个县级协会合作开展培训，涉及约 60 个合作社，每期约有 15 个合作社派

---

① 云南省外事办公室汪处长访谈记录。
② 资料来源于对云南省民政厅、外事办等管理部门以及如云南省部分社会组织的访谈。
③ 资料来源于对云南省某社会组织负责人的访谈。

表 1　云南省林业协会涉外（Agriterra）合作项目情况

项目期数	项目实施地点	金额（万元）	项目资金使用
第一期	大理州团结乡、普洱市景东县、楚雄州大姚县	200	Agriterra 通过云南省林业产业协会在生产加工技术、市场营销、管理及农具购买、农业基础设施建设等方面向云南省 3 个核桃行业试点合作社提供支持
第二期	云南省盐津县、宁洱县、景东县	31.34	主要用于盐津等三县林业农民专业合作社组织开展农民专业合作社管理、财务管理、市场营销等方面的培训，以促进云南省林业农民专业合作社之间的合作及能力建设

1~2 名管理人员参加，这些合作社大的约有 1000 户农户，小的也有 200 户农户。参加培训的合作社管理人员可将技术传授给农户。因此，项目的开展可使较多农户受益。

可见，在云南省这样一个社会经济比较落后的省份，境外非政府组织是社会发展中一股不可忽视的社会力量。

2. 境外援助的来源

从境外援助的来源来看，提供援助的有港澳台、美国、澳大利亚、荷兰、法国、德国、新加坡、挪威等国家和地区，其中提供援助最多的是港澳台地区。从提供援助的组织来看，主要有救世军、乐施会、世界宣明会、互满爱人与人、苗圃行动等。①

3. 境外援助的流向

境内社会组织与境外非政府组织合作开展活动的领域比较广泛，涉及的领域有扶贫、教育、医疗卫生、农村社区发展、青少

---

① 来源于对云南省人民政府外事办公室提供的"2015 年与境外非政府组织合作项目备案情况统计表"的整理分析。

年儿童发展、文化多样性保护、环境保护、残障康复、灾难预防和救助、艾滋病、妇女儿童权益保护、小额贷款等。其中扶贫（教育扶贫和医疗扶贫）、农村社区发展、青少年儿童发展等领域为主要合作领域。[1]

（二） 云南省社会组织接受境外援助管理现状

云南省对本土社会组织与境外非政府组织开展合作（包括接受援助），实行"双备案制度"。因此，研究云南省社会组织接受境外援助管理离不开对"双备案制度"的理解。"双备案制度"即机构备案（民政厅负责）和合作事项备案（外事办负责）的制度。机构备案是指境外非政府组织进入云南省开展活动必须先到省民政厅进行备案，获得合法身份。合作事项备案是指境外非政府组织开展项目必须先找到中方合作单位。在项目实施前，中方合作单位负责向外事办申请合作项目备案。在双备案制度下，云南省对接受境外援助的社会组织的管理主要涉及民政厅和外事办以及社会组织的业务主管单位。

民政厅对接受境外援助的社会组织的管理主要通过每年度的检查进行。"三大条例"规定每年民政部门对社会组织进行检查。2013年云南省民政厅印发的《云南省社会组织年度检查暂行办法》明确了社会组织年检中不规范、不明确的相关问题，把社会组织管理工作需重点掌握的重大事项报告和涉外活动备案情况等列入年检内容进行规范。年检中社会组织需要提供财务报告和年度工作报告书。年度工作报告书中，社会组织要报告接受境外捐赠的资金的数额、来源、用途，这里的境外资金包括来自

---

[1] 来源于对云南省人民政府外事办公室提供的"2015年与境外非政府组织合作项目备案情况统计表"的整理分析。

境外组织的资金和来自境外个人的资金。

外事办对社会组织的管理主要体现为社会组织与境外非政府组织开展包括接受捐赠在内的各项合作时，必须提前向省外事办申请备案。申请备案时，中方社会组织要经业务主管单位同意后，向省外事办报告拟合作项目的名称、项目概况（活动地域、活动领域、拟投入金额、经费来源及使用计划）、拟合作的境外非政府组织简介（名称、来源地、宗旨等），经省外事办批准备案后，方可接受境外援助并与之开展合作项目。并且备案的有效期为 2 年，超过两年需要另行备案。

业务主管单位的管理主要体现在业务指导方面。另外，社会组织无论是参加年检还是与境外非政府组织合作备案，都需要事先经过业务主管单位的指导，询问其意见。需要指出的是，双备案制度是在国家层面缺乏对境外非政府组织管理依据的背景下，云南省对境外非政府组织管理的有益探索，随着 2016 年 4 月《中华人民共和国境外非政府组织境内活动管理法》的颁布，需要对现行的管理制度进行相应的调整。

《中华人民共和国境外非政府组织境内活动管理法》规定，境外非政府组织要在中国境内开展活动（包括委托、资助或变相委托、资助中国境内的单位和个人在境内开展活动）必须事先登记或备案获得合法身份。境外非政府组织可以通过两个途径获得合法身份：一是在中国境内依法登记设立代表机构，二是对于未登记设立代表机构的在中国开展临时活动，需要依法备案。该法规定境外非政府组织在中国境内活动的登记管理机关是国务院公安部门和省级人民政府公安机关。并且对境外非政府组织的管理依然沿用双重管理体制，境外非政府组织在中国境内登记设立代表机构需要经过业务主管单位的同意。业务主管单位必须是国务院有关部门和单位或省级人民政府有关部门和单位。此外，还规定未在中国境内设立代表机构的境外非政府组织在我国境内开展临时活动，必须与我国的国家机关、人民团体、事业单位、社会组织等中方单位合作进行。也就是说，在《中华人民共和国境外非政府组织境内活动管理法》下，我国社会组织接受来自境外非政府组织的援助分为两种情况。一是在接受未在中国境内登记设立代表机构的境外非政府组织的援助时，中方社会组织应按国家规定办理审批手续并在开展临时活动十五天前向其所在地的登记管理机关备案。备案应提供中方社会组织银行账户（单独记账、专款专用）、临时活动概况（活动名称、期限、地域、宗旨）、项目概况、经费来源等。二是在接受已在中国境内登记设立代表机构的境外非政府组织的援助时无须再备案。

此外，《中华人民共和国境外非政府组织境内活动管理法》的实施，势必带来一些境外非政府组织管理上的变化，而这些变化目前已经对境外资金的流入产生了一定影响。"至于现在管理的变化会不会影响到这些？肯定是会影响的，因为很多外国非政府组织都不愿麻烦，已经把资金撤到其他发展中国家。目前来讲，各种原因，这些外国非政府组织都已经退出得相当快，影响是会很大。以后会是什么样子情况不是很明朗，但境外的资金会大幅度的缩小这是一定的。"①

二 云南省社会组织接受境外援助存在的问题

（一）某些社会组织对境外援助较为依赖

社会组织的生存发展离不开资金的支持，我国社会组织的发

---

① 资料来源于对云南省民政厅、外事办等管理部门以及云南省部分非政府组织的访谈。

展历程较短，自我筹集资金的能力较弱，公民社会发展不充分，缺乏捐赠的传统，使得某些社会组织对资源的强烈需求得不到满足。云南省地处西南边陲，少数民族众多，经济发展相对落后，拥有独特的自然地理和社会人文环境，吸引了大量国际非政府组织在此开展活动。这些境外非政府组织带来大量的资金和技术。一些社会组织活动的经费主要来自境外援助，对境外援助存在依赖。随着《中华人民共和国境外非政府组织境内活动管理法》的实施，一些外国非政府组织的资金开始撤出云南省，"洋奶"断流，势必会对某些社会组织的生存发展产生重要影响。

（二）涉外活动中社会组织急于吸收外来模式

我国社会组织发展起步较晚，缺乏成熟的发展经验，急于学习借鉴西方经验。但是不顾国情、民意，照搬西方经验，反而会阻碍自身的正常发展。此外，一些境外非政府组织及其工作者长期在我国境内深入开展活动，可能会将其价值观、开展活动的方式及运行机制，甚至是既定社会经济领域的发展模式带到中国，由此产生的负面影响不可不警惕。特别是云南省地处边疆，少数民族聚集，更是需要警惕外国势力的渗透。

（三）相关法律法规不健全

目前，社会组织接受境外援助的管理没有专门的法律法规，《中华人民共和国境外非政府组织境内活动管理法》只规定本土社会组织在接受没有在中国境内登记设立代表机构的境外非政府组织的援助时需要审批备案，由于境外援助的来源较为广泛，对于其他来源的境外援助的管理缺乏法律依据。在备案环节，由于目前"云南模式"的规定只是一些规范性文件，无法律效应，因此可能出现短期合作和一次性合作不备案的情况。此外，社会组织接受境外援助管理的年检环节主要依靠《社会团体登记管理条例》《民办非企业单位登记管理暂行条例》《基金会管理条例》及《云南省社会组织年度检查暂行办法》来规范，法律层级较低，约束力不足。现实中，会遇到社会组织无故不接受年检，由于没有刚性的规定，民政部门执法困难，致使对社会组织接受境外援助的管理无法完全落实。

（四）管理制度不完善

云南省现行社会组织接受境外援助的管理制度不健全，存在管理手段匮乏、轻事中事后管理的问题。

目前，社会组织接受境外援助的管理体制没有理顺，管理制度不健全，现阶段对社会组织接受境外援助的管理主要通过民政部门年检的方式来了解社会组织接受境外援助的金额、来源及项目、开展地域等情况。而当前民政部门对社会组织的年检更确切地说应该是年报，年报管理的成效在一定程度上依赖社会组织的配合意愿。这使得政府部门对社会组织接受境外援助的管理效果打了折扣。

在访谈中发现管理部门存在着管理手段匮乏的问题。外事部门的备案、民政部的年检并不能真正掌握涉外社会组织境外资金的流向。对社会组织接受境外援助的管理手段匮乏。从国外对境外援助的管理经验来看，印度要求非政府组织接受境外援助必须通过唯一的银行账户进行，账号独立，专款专用；并且这一专户需要在民政部门备案时计入备案资料，而政府在怀疑非政府组织接受境外援助存在违法行为时有权审查其银行账户。这种以资金专户为抓手的管理制度，非常值得我们学习和借鉴。

现行制度下我国并没有对接受境外援助的社会组织进行特别的管理，对社会组织接受境外援助也同样存在重准入、轻过程管理的问题。某些接受境外援助的社会组织按相关规定需要提前到政府部门进行备案，获得批准后方可实际接受境外援助，但是备案只登记项目的合作方、接受援助的金额、项目概况等信息，之后每年在民政部门的年检也只是由涉外社会组织自己报告此类信息。对于后续项目如何开展、资金具体流向及项目开展的效果评估等并没有相关部门进行监督和管理，存在着过程管理不到位的问题。

（五）信息公开有待加强

在调研访谈的过程中发现，云南省涉外社会组织接受援助的信息公开不足。接受境外捐赠的情况缺乏配套的公开机制。大量涉外社会组织并没有按相关法律法规要求在其网站或指定的相关网站将接受捐助的情况进行公示。每年呈报给业务主管单位和民政部门的工作报告和财务报告并未真正对外公开。民政部门对社会组织的年检报告虽予以公开，但是并没有对社会组织接受援助的具体信息进行公开。

三　完善云南省社会组织接受境外援助的对策思考

（一）提高社会组织筹集资金的能力

社会组织接受境外援助的根源在于资金的匮乏，因此，增强社会组织获取资源的能力，是解决其依赖境外资金问题的有效途径。社会组织的资金来源一般为社会捐赠、政府资助、国际资金及自筹创收。因此，社会组织一方面要在严格自律的基础上，转变观念，树立良好的形象，加强组织宗旨宣传，争取资助者更多的社会资源支持；另一方面要提高自身的能力，加强与政府合作，更好地承接政府购买公共服务。政府也要加强对社会组织的扶持，给予更多资金与政策上的支持。特别是在境外资金快速撤离的过渡阶段，一些社会组织急需政府的扶持和帮助。此外，社会组织还可以参与国际交流，通过正规合法渠道获得国际支持。

（二） 加强社会组织的自身建设

社会组织在发展过程中适当借鉴西方经验是必要的，但是在此基础上云南省要结合自身的社会文化环境，加强社会组织自身建设，探索适合本土社会组织发展的模式。加强社会组织自身建设，一要健全内部管理制度。引导社会组织以章程为依据，健全组织机构，依法开展活动，建立健全各项内部制度。以相关法律为依据，建立民主决策制度，完善财务管理制度，加强资格管理，建立健全相应行规行约，强化自律机制。并推行社会组织涉外活动诚信服务制度，增强社会组织在涉外活动中的自律意识。二要加大对从业人员的培养力度。人才队伍的建设对于社会组织的成长和社会职能的发挥具有重要的意义。特别是对于接受境外援助的社会组织，注重人才建设，有利于提高涉外活动项目运作能力。社会组织要注重人才的引进与培养，要加强教育培训，提高人才的专业能力，增强从业人员的法制观念和业务素质。此外，还要建立良好的激励机制，创新人才使用制度，健全工作人员保障制度，建立良好公众形象。

（三） 加强社会组织接受境外援助的立法建设

立法机关颁布的相关法律构成了社会组织的基本法律环境，既是对社会组织行为的系统约束，又是判断其行为正当性的基本标准。正如商玉生所说："法律规定的不确定性和过分限制会阻碍社会组织的发展，但过于宽松或根本没有相关的社会组织法律，也会使整个第三部门蒙受恶名。一国的社会组织相关法律的正确性、适用性、导向性会使本国的社会组织发展植于政府的控制、管理之中。"① 所以，法律对社会组织的管理具有重要意义。

---

① 商玉生：《非营利部门需要一个更大的推动》，《中国慈善家》2016 年第 2 期。

我国对社会组织接受境外援助的管理缺专门的法律，云南省现行的规定立法层次较低，且存在法律制度的空白。鉴于境外援助的特殊性，有必要健全法律法规，为社会组织接受境外援助的管理提供法律依据。

（四）　建立健全社会组织接受境外援助管理制度

针对云南省现行社会组织接受境外援助的管理制度不健全，需要从以下几个方面入手完善。

（1）加强对社会组织接受境外援助管理的重视，完善管理制度。由于社会组织接受境外援助的特殊性，我们需要重视对其的管理。但是现行制度对社会组织的涉外活动并没有设立专门的管理部门，也没有专门的管理体系，管理力度也与对社会组织一般性活动的管理力度没有区别，加之我国对社会组织的管理本身就比较薄弱，造成对社会组织的涉外活动管理不足。因此，就云南省来说，应该对有涉外背景的社会组织进行专门的管理，在民政部门设立专门的机构对接受境外援助的社会组织进行管理。

（2）完善管理手段，以资金账户为抓手进行管理。现阶段外事部门的备案、民政部门的年检并不能真正掌握涉外社会组织境外资金的流向。这方面，印度的经验值得借鉴。将接受捐赠的账户送政府部门备案，可以使社会组织接收境外资源具有合法性，也方便政府管理部门通过社会组织专用账户资金的来源、流向、数额来分析社会组织接受境外援助的来源、数额、投入领域等信息，从而达到监管目的，有效防止公益腐败和危害国家安全的活动。

（3）加强事中、事后管理。加强事中管理需要在民政部门设立专门的机构对接受境外援助的社会组织进行单独管理。接受境外援助的社会组织要每半年向管理机关汇报其接受境外援助的情况。在日常管理中对涉外组织的违法违规行为进行严格的处罚。当管理机关怀疑社会组织在接受境外援助的过程之中存在违法、违规情况时，管理部门有权对社会组织的活动进行检查，包括对其银行账户的审查，情节严重的移送公安机关，予以相应的法律制裁。

加强事后管理需要建立涉外社会组织事后评估制度。制定合理的评分标准，对接收境外援助的社会组织进行事后评估，根据评估结果实行等级管理，由政府部门根据评分结果确认等级。依据涉外社会组织所获的评定等级给予不同程度的政策优惠，此外还要建立黑名单制度，将在等级管理中评级较低的、存在违法违规接受境外援助的社会组织列入黑名单，取消其接受境外援助的资格，并对其处以相应的惩罚。对涉外社会组织实行等级管理可以促进其加强自律、改善经营管理。

（五）促进社会组织接受境外援助的信息公开

无论是政府还是社会，对涉外社会组织接受境外援助进行管理的前提是社会组织信息公开和业务透明。有了这个前提，捐赠人的监督、社会的监督和政府的监督就会比较有效。我们要通过法律制度的引导和保障来促进接受境外援助的社会组织进行信息公开。

接受境外援助的社会组织必须定期主动向外事部门汇报外援使用管理情况，外事部门应每年度向中央上报本省范围内接受和使用境外援助的情况，并定期检查社会组织对境外援助的使用情况。云南省应在全省范围内及时统计管辖区域内社会组织接受和利用境外援助的情况，建立接受境外援助管理信息系统，收集分析接受外援的动态和资产的使用情况。

参考文献

中文参考文献

［1］〔美〕阿米·古特曼：《结社：理论与实践》，吴玉章、毕小青译，三联书店，2006。

［2］〔美〕J. 艾捷尔编《美国赖以立国的文本》，赵一凡、郭国良译，海南出版社，2000。

［3］〔美〕莱斯特·M. 萨拉蒙：《第三域的兴起》，载李亚平、于海《第三域的兴起》，复旦大学出版社，1998。

［4］薄贵利：《推进政府治理现代化》，《中国行政管理》2014年第5期。

［5］蔡宏进：《社会组织原理》，台北：五南图书出版股份有限公司，2006。

［6］蔡文成、赵洪良：《国家治理能力现代化研究述评》，《中共山西省委党校学报（太原）》2015年第3期。

［7］崔月琴、沙艳：《社会组织的发育途径及其治理结构转型》，《新华文摘》2016年第2期。

［8］杜飞进：《建立更加和谐的政府与社会关系》，《社会科学研究》2015年第4期。

[9] 高奇琦：《国外政党与公民社会的关系——以欧美和东亚为例》，台北：思行文化，2014。

[10] 高山：《政府购买服务与社会组织发展问题探讨》，《当代经济管理》2015年第9期。

[11] 顾朝曦：《在"四个全面"战略布局中把握和推进基层社会治理创新》，《求是》2016年第4期。

[12] 韩冬雪：《社会建设与社会管理体制创新》，《新视野（京）》2013年第2期。

[13] 何润宝、马国芳：《云南省社会组织培育路径探析》，《云南财经大学学报》（社会科学版）2011年第4期。

[14] 洪秀菊：《21世纪联合国与全球治理》，台北：千华数位文化，2014。

[15] 奂平清：《福利社会建设与社会治理》，《新华文摘》2016年第4期。

[16] 黄建军、梁宇、余晓芳：《改革开放以来我国政府与社会组织关系建构的历程与思考》，《中国行政管理》2016年第7期。

[17] 黄晓春：《当代中国社会组织的制度环境与发展》，《中国社会科学》2015年第9期。

[18] 姜浩然：《多中心治理理论视角下的社会组织发展》，《黑河学刊》2010年第11期。

[19] 姜鹏飞：《18世纪初英国慈善事业组织和运行机制初探》，《首都师范大学学报》（社会科学版）2010年第6期。

[20] 康晓光、冯利主编《中国第三部门观察报告（2015）》，社会科学文献出版社，2015。

[21] 蓝煜昕：《社会组织管理体制：地方政府的创新实践》，《中国行政管理》2012年第3期。

［22］ 蓝志勇：《论社会治理体系创新的战略路径》，《新华文摘》2016 年第 8 期。

［23］ 李慧敏：《英国慈善委员会的监管机制：形成、特点与发展趋势分析》，《鄂州大学学报》2015 年第 9 期。

［24］ 李乐为、李瑞群、梅忠平：《民族地区服务型政府构建中公民政治参与的问题与对策——以武陵山片区为例》，《中国行政管理》2013 年第 5 期。

［25］ 李培林：《社会治理与社会体制改革》，《国家行政学院学报》2014 年第 4 期。

［26］ 李太斌：《政府购买服务推动社工机构发展》，《中国社会导刊》2008 年第 4 期。

［27］ 李勇主编《中国社会组织改革发展舆情报告（2013）》，中国社会出版社，2015。

［28］ 廖鸿、石国亮：《中国社会组织发展管理及改革展望》，《四川师范大学学报》（社会科学版）2011 年第 5 期。

［29］ 刘寒波：《政府购买公共服务的策略选择》，《湖南财政经济学院学报》2004 年第 1 期。

［30］ 刘伟：《村落解体与中国乡镇治理的路径选择》，《中国行政管理》2014 年第 5 期。

［31］ 罗中枢：《中国西部边疆研究若干重大问题思考》，《四川大学学报》2015 年第 1 期。

［32］ 马国芳、陈兰芳：《关于和谐社会进程中社会组织发展的探索》，《云南行政学院学报》2009 年第 3 期。

［33］ 马国芳、马金书：《政府机构改革与社会中介组织发展互动关系研究》，《宁夏党校报》2004 年第 3 期。

［34］ 马国芳：《社会治理进程中云南边疆民族地区社会组织活

力研究》，《云南社会科学》2015 年第 6 期。

[35] 马国芳：《政府采购社会组织服务的困境及制度机制分析》，《中国物流与采购》2013 年第 10 期。

[36] 马庆钰等：《社会组织能力建设》，中国社会出版社，2011。

[37] 马长山：《NGO 的民间治理与转型时期的法治秩序》，《法学研究》2005 年第 4 期。

[38] 孟建柱：《加强和创新社会治理》，《人民日报》2015 年 11 月 17 日，第 6 版。

[39] 齐久恒：《近代西方公民社会组织的历史演变》，《湖南农业大学学报》（社会科学版）2014 年第 4 期。

[40] 钱乘旦、陈晓律：《在传统与变革之间英国文化模式溯源》，香港：商务印书馆，2013。

[41] 任耀廷：《战后日本与东亚的经济发展》，台北：秀威出版，2009。

[42] 瑞麒：《非政府组织——管理初探》，台北：五南图书出版股份有限公司，2007。

[43] 石国亮：《慈善组织公信力的影响因素分析》，《中国行政管理》2014 年第 5 期。

[44] 石晓天：《我国枢纽型社会组织的功能特征、建设现状及发展趋势——文献综述的视角》，《理论导刊》2015 年第 5 期。

[45] 宋煜萍：《公众如何参与社会治理》，《新华文摘》2015 年第 7 期。

[46] Sontheimer Kurt、Bleek Wihelm：《德国政府与政治》，台北：五南图书出版股份有限公司，1999。

[47] 孙兰英、张卫成：《当前我国社会组织的发展现状、问题及发展途径探索》，《天津大学学报》（社会科学版）2013

年第 11 期。

[48] 孙涛：《发达国家完善社会治理体制的经验》，《学习时报》2015 年 8 月 13 日，第 5 版。

[49] 孙晓莉：《中外公共服务的策略选择》，国家行政学院出版社，2007。

[50] 谭日辉：《社会组织发展的深层困境及其对策研究》，《湖南师范大学社会科学学报》2014 年第 1 期。

[51] 谭志福：《创新社会治理与新型政社关系中地方政府的多重角色》，《中国行政管理》2016 年第 3 期。

[52] 唐文玉：《政府权力与社会组织公共性生长》，《学习与实践（武汉）》2015 年第 5 期。

[53] 田华：《云南社会组织社区服务作用发挥问题探究》，《中共云南省委党校学报》2011 年第 5 期。

[54] 童建挺：《德国联邦制的演变：1949～2009》，中央编译局，2015。

[55] 汪大海：《社会管理创新研究的新视角：地方试点及经验研究》，《中国行政管理》2014 年第 4 期。

[56] 汪锦军：《嵌入与自治：社会治理中的政社关系再平衡》，《中国行政管理》2016 年第 2 期。

[57] 王建芹：《从历史视角看欧洲国家社团发展及立法保护》，中国社会组织网，http：//www. chinanpo. gov. cn/1800/31339/index. html，2008 年 9 月 2 日。

[58] 王名、丁晶晶：《社会组织参与社会管理创新的基本经验》，《中国行政管理》2013 年第 4 期。

[59] 王名、李勇、黄浩明：《德国非营利组织》，清华大学出版社，2006。

[60] 王名、李勇、黄浩明：《英国非营利组织》，社会科学文献出版社，2009。

[61] 王名：《社会组织概论》，中国社会出版社，2010。

[62] 王世强：《英国慈善组织的法律形式及登记管理》，《中国社会组织》2012 年第 8 期。

[63] 王向民：《分类治理与体制扩容：当前中国的社会组织治理》，《华东师范大学学报》2014 年第 5 期。

[64] 王雅琴：《治理视野下的行政公共性》，《中国行政管理》2015 年第 9 期。

[65] 王臻荣：《治理结构的演变：政府、市场与民间组织的主体间关系分析》，《公共行政》2015 年第 2 期。

[66] 吴军：《社会组织：功能定位、运作机制和发展取向》，《理论月刊》2010 年第 12 期。

[67] 吴晓林、李咏梅：《治理研究的中国途径及其"中国化"路径》，《湖南师范大学社会科学学报》2015 年第 4 期。

[68] 向阳、陆春萍：《法团主义：社会组织发展的合理路径》，《北华大学学报》（社会科学版）2011 年第 4 期。

[69] 谢海定：《中国民间组织的合法性困境》，《社会观察》2004 年第 7 期。

[70] 谢俊贵：《空间分割叠加与社会治理创新》，《广东社会科学》2014 年第 4 期。

[71] 徐家良、廖鸿主编《中国社会组织评估发展报告（2013）》，社会科学文献出版社，2013。

[72] 徐家良、廖鸿主编《中国社会组织评估发展报告（2014）》，社会科学文献出版社，2014。

[73] 许光建：《推广政府购买公共服务的重点难点和路径》，

《前线》2014 年第 5 期。

[74] 严振书：《中国社会组织发展问题研究》，《湖南工程学院学报》2010 年第 6 期。

[75] 燕继荣：《现代国家治理与制度建设》，《中国行政管理》2014 年第 5 期。

[76] 殷昭举：《中国社会治理的现代化》，《社会学评论》2014 年第 3 期。

[77] 俞可平：《治理与善治》，社会科学文献出版社，2000。

[78] 郁建兴、关爽：《当代中国国家与社会关系的新进展》，《新华文摘》2014 年第 9 期。

[79] 郁建兴、任婉梦：《德国社会组织的人才培养模式和经验》，《中国社会组织》2012 年第 10 期。

[80] 袁倩：《东京社会治理的实践与启示》，《学习时报》2016 年 2 月 18 日，第 5 版。

[81] 岳经纶、邓智平：《论理解社会管理的五种路径》，《武汉大学学报》2013 年第 3 期。

[82] 曾维和、贺连辉：《社会治理创新：主体结构及其运行机制》，《公共行政》2015 年第 11 期。

[83] 张晖：《非政府组织兴起的背景和理论依据》，《陕西行政学院学报》2008 年第 1 期。

[84] 张康之、姜宁宁：《公共管理研究的热点与重点——基于人大复印报刊资料〈公共行政〉2014 年收录文章的预测》，《中国行政管理》2015 年第 7 期。

[85] 张敏：《政府购买公共服务后的行政担保责任》，《行政论坛（哈尔滨）》2015 年第 5 期。

[86] 赵伟媛：《德国社会组织法治化的经验和启示》，《赤子》

2013 年第 2 期。

［87］ 赵伟嫒：《德国社会组织法治化的经验和启示》，《法制论坛》2013 年第 11 期。

［88］ 赵旭东：《中国民族研究的困境及其范式转化》，《探索与争鸣》2014 年第 4 期。

［89］ 郑琦：《美国如何培育社会组织》，《求知》2013 第 2 期。

［90］ 郑新超、史小华：《刍议南通社会组织基层服务功能及其社会管理的创新——兼及日本社会组织的相关经验与借鉴》，《太原城市职业技术学院学报》2013 年第 9 期。

［91］ 中国现代国际关系研究院课题组：《外国非政府组织概况》，时事出版社，2010。

［92］ 朱世达：《美国市民社会研究》，中国社会科学出版社，2005。

［93］ 《国务院：继续取消和下放行政审批事项》，凤凰网，http：//finance. ifeng. com/a/20150515/13709208 ＿ 0. shtml，2015 年 5 月 15 日。

外文参考文献

［1］ Anthony Paul Cohen, *Belonging: Identity and Social Organisation in British Rural Cultures* (Manchester: Manchester University Press, 1982).

［2］ Dr Yuwen Li, *NGOs in China and Europe: Comparisons and Contrasts* (Surrey: Ashgate Publishing Ltd., 2013).

［3］ Göran Ahrne, *Social Organizations: Interaction Inside, Outside and Between Organizations* (Palo Alto: SAGE, 1994).

［4］ Larry V. Hedges, Barbara Schneider, *The Social Organization of Schooling* (New York: Russell Sage Foundation, 2005).

［5］ Lester M. Salamon, Helmut K. Anheier, "The Civil Society Sector," *Society* 2 （1997）.

［6］ M. L. Bush, *Social Orders and Social Classes in Europe Since* 1500: *Studies in Social Stratification* （London: Routledge, 2014）.

［7］ Margaret Harris, Colin Rochester, *Voluntary Organisations and Social Policy in Britain: Perspectives on Change and Choice* （London: Palgrave Macmillan, 2000）.

［8］ Maureen T. Hallinan, *The Social Organization of Schools: New Conceptualizations of the Learning Process* （Berlin: Springer Science & Business Media, 2013）.

［9］ Randy Hodson, Teresa A. Sullivan, *The Social Organization of Work* （Boston: Cengage Learning, 2012）.

［10］ Richard Whitley, *The Intellectual and Social Organization of the Sciences* （Oxford: Oxford University Press, 2000）.

［11］ Sabine Hering, Berteke Waaldijk, eds. , *History of Social Work in Europe* （1900 – 1960）: *Female Pioneers and their Influence on the Development of International Social Organizations* （Berlin: Springer Science & Business Media, 2012）.

［12］ Takie Sugiyama Lebra, *Japanese Social Organization* （Honolulu: University of Hawaii Press, 1992）.

后 记

　　本书是在云南财经大学马国芳教授主持的云南省哲学社会科学课题"社会治理视野下的云南社会组织发展研究"的基础上，进一步充实完善形成的，由总报告篇、子报告篇两部分构成。总报告篇为"社会治理视野下的云南省社会组织发展综合研究报告"。该篇以社会治理为视角，运用翔实的数据资料，通过深入细致的调查研究，分析云南省社会组织发展现状及其存在的主要问题，思考社会治理进程中云南省社会组织发展面临的挑战与要求，借鉴了其他省份社会组织的发展经验，进而提出了社会治理视野下促进云南省社会组织发展的对策建议。子报告篇由 10 个子报告构成，具体如下。子报告 1 为"当代西方国家发展非政府组织动态研究，"子报告 2 为"政府职能转变与社会组织发展互动关系研究，"子报告 3 为"创新社会治理体制下的地方行业协会商会发展探索，"子报告 4 为"云南省社会组织评估现状分析——以 355 个参加评估的社会组织为例，"子报告 5 为"云南省省级'儿童之家'建设示范项目调研报告，"子报告 6 为"云南省社会组织参与政府购买服务效果思考——以云南省社会组织能力建设培训示范项目为例，"子报告 7 为"云南省政府购买公共服务现状探析，"子报告 8 为"基层社会治理创新中大理市社会组织发展调研报告，"子报告 9 为"云南省河口瑶族自治县社会组织发展调研报告，"子报告 10 为"云南省社会组织接受境外援助调研报告"。主要写作人员有马国芳、姜莉、李思泽、郑秀娟、胥曼、钱倩、严慧、陈兰芳、彭鹏和贾晓。马国芳对本书做了统撰和完善。

在日益壮大的社会组织大军中，地方社会组织所占比重越来越大。这些地方社会组织虽然活动领域没有全国性社会组织那样广泛，社会影响力也相对较弱，但因密切联系基层，能够根据地方实际开展活动等，对地方乃至整个经济社会发展都具有重要作用。云南省积极贯彻党的十八大精神，在积极培育、发展社会组织方面采取了一系列具体的措施。但是，与沿海一些省份相比，经济社会发展状况处于欠发达水平的云南省，能为社会组织的发展提供的原动力并不强，这就要求地方政府要有意识地通过为社会组织营造有利的政策环境、宽松的舆论环境、足够的发展和展示空间，提高它们的自主、自立、自治能力，扩展和增强它们的社会功能，尤其是强化它们联系政府与社会、政府与市场的桥梁作用以及服务于经济社会发展的功能。因此，本书对云南省社会组织发展现状进行实证研究，有助于丰富和拓展社会组织理论体系，并对边疆民族地区地方政府创新社会治理，促进民族团结进步、边疆繁荣稳定具有重要的决策咨询价值。

本书鲜明地提出两个主要观点：其一，云南省社会组织因密切联系基层，能够根据地方实际开展活动，是地方社会治理的重要力量；其二，云南省社会经济文化发展条件为社会组织的发展提供的原动力并不特别强，这就要求在社会治理进程中，政府应发挥对社会组织的扶持、培育功能，并对其施以有效监督。此外，本书突出强调社会治理分析框架，在系统梳理社会治理相关理论动态及政策走向的基础上，追踪研究了社会治理进程中社会组织的发展趋势；立足社会治理分析框架，探索了云南省各级政府角色定位、职能范围、行政方式，以及云南省社会组织服务能力的挑战与要求；并借鉴了广东省、江苏省、浙江省社会组织发展的经验。

本书的出版是对写作人员研究工作的阶段性总结。党的十八届五中全会通过的《中共中央关于制定国民经济和社会发展第十三个五年规划的建议》针对快速而复杂的中国社会变革，提出了"加强和创新社会治理""推进社会治理精细化，构筑全民共建共享的社会治理格局"的新思路、新目标。并进一步提出社会组织是现代社会治理中不可或缺的重要载体，要推动社会组织政社分开、权责明确、依法自治，确保其成为党委和政府的有力助手。而在党的十九大上，社会组织工作更是一个高亮点，习近平总书记在十九大报告中先后五次提到社会组织，对加强社会组织工作提出了新要求。适应时代要求，我们仍须进一步跟踪研究。

由于笔者水平所限，书中的不足和疏漏在所难免，恳请专家和广大读者批评指正。

马国芳

2017 年 7 月于昆明

图书在版编目（CIP）数据

社会组织发展实证研究：基于社会治理的视野／马
国芳等著. -- 北京：社会科学文献出版社，2017.12
ISBN 978 - 7 - 5201 - 1838 - 5

Ⅰ.①社…　Ⅱ.①马…　Ⅲ.①社会组织管理 - 研究 -
云南　Ⅳ.①D669.3

中国版本图书馆 CIP 数据核字（2017）第 289554 号

社会组织发展实证研究
——基于社会治理的视野

著　　者／马国芳 等

出 版 人／谢寿光
项目统筹／恽　薇　陈凤玲
责任编辑／田　康

出　　版／社会科学文献出版社·经济与管理分社（010）59367226
　　　　　地址：北京市北三环中路甲 29 号院华龙大厦　邮编：100029
　　　　　网址：www. ssap. com. cn
发　　行／市场营销中心（010）59367081　59367018
印　　装／三河市尚艺印装有限公司

规　　格／开　本：787mm × 1092mm　1/16
　　　　　印　张：15.5　字　数：185 千字
版　　次／2017 年 12 月第 1 版　2017 年 12 月第 1 次印刷
书　　号／ISBN 978 - 7 - 5201 - 1838 - 5
定　　价／79.00 元

本书如有印装质量问题，请与读者服务中心（010 - 59367028）联系